为什么你还是牌桌上的输家

[英]朱利安·波塔杰　著
王止戈　译

成都时代出版社

四川省版权局
著作权合同登记章
图进字 21-2017-707 号

图书在版编目（CIP）数据

为什么你还是牌桌上的输家/(英) 朱利安·波塔杰著；王止戈译.
--成都：成都时代出版社，2017.12
ISBN 978-7-5464-1981-7

Ⅰ. ①为… Ⅱ. ①朱…②王… Ⅲ. ①桥牌-基本知识 Ⅳ. ①G892.1
中国版本图书馆 CIP 数据核字（2017）第 290189 号

为什么你还是牌桌上的输家
WeiShenMo Ni HuanShi PaiZhuoShang De ShuJia
[英] 朱利安·波塔杰 著
王止戈 译

出 品 人 石碧川
责任编辑 曾绍东
封面设计 陈二龙
版式设计 陈二龙
责任校对 樊思岐
责任印制 干燕飞

出版发行 成都时代出版社
电　　话 (028) 86619530（编辑部）
　　　　 (028) 86615250（发行部）
印　　刷 四川联翔印务有限公司
规　　格 165mm×230mm 1/16
印　　张 15.5
字　　数 190 千字
版　　次 2017 年 12 月第 1 版
印　　次 2017 年 12 月第 1 次印刷
印　　数 1-5000 册
书　　号 ISBN 978-7-5464-1981-7
定　　价 38.00 元

前 言

大约 65 年前，当西蒙先生撰写《你为何是牌桌上的输家》和《牌手众生相》时，我猜他不会想到，他的书时至今日依然很受读者的欢迎。西蒙先生关于要对付牌手而不是纸牌的观念，在时代的考验中显现出非凡的价值。

从西蒙的年代到现在，发生了哪些变化呢？首先，叫牌的水准改进了很多。许多当今的竞赛牌手在叫牌上都不会输给昔日的世界冠军。此外，今天大多数桥牌爱好者都是打复式桥牌而不是盘式桥牌了。即使是打盘式桥牌，恐怕也会选择芝加哥式玩法，四副牌一盘。碰到古根海姆太太或徒劳的威利做搭档，这可以节省你大量的时间和金钱！

是的，应广大读者的要求，“著名的四人组合”在长年的蛰伏后再次登场了。在本书的后半部分，我请大家一起欣赏他们古怪精灵的表演，也许大家能从中汲取教益。

本书的前半部分，是一些如果西蒙老先生在世可能也会讨论的问题——主要是我们前面提过的那些变化。为避免让读者感到无趣而生厌，我避开那些老生常谈或者在其他地方可以很容易找到的话题。我所讨论的，都是一些尽管别人已经谈论过或写过，但依然会发生的致败叫品和打法。

我自作主张地假设，读者们是作为西蒙先生的，而不是我的忠诚追随者才拿起这本书的。因此，大家会发现我在此书中偏离了自己原来的风格以求与西蒙先生的形似。在此，我衷心地感谢所有协助我表达对西蒙先生怀念心情的朋友们。这其中有罗恩·加伯，尼克·斯密斯，罗伊·修斯和格拉罕·艾兰，以及皮特·巴洛斯和茂林·丹尼森，他们像以往一样一丝不苟地检查了我的原稿。

朱利安·波蒂奇，威尔士，波斯考尔，2014

著名的四人组合

也许有些读者对本书中这四位大名鼎鼎的人物并不熟悉，就让我先来介绍一下这些各具特色的角色吧。

恪守女士优先的优良传统，咱们先来说说 **Mrs.Guggenheim** 古根海姆太太。这是位丰腴有加、衣着讲究的女士，服饰时髦，手指上尽是戒指，手袋总是鼓鼓囊囊的。她始终竭力要把牌打好，无论到哪总是随身带着一套《袖珍桥牌指南》，而且所有别人能说出来的桥牌课程她都学过。尽管如此，她总是把牌打得很烂，并且很容易将许多桥牌的基本要义置之脑后。但与本书中的其他主角相比，她最大的优点就是很有自知之明，非常乐于让同伴来担负责任。

Mr. Smug 目无余子先生是个独断专行的人，无论在生意上还是在牌桌上，他总是一意孤行。岁月的摧残使他丢掉了大多数头发并且日渐憔悴。他不喜欢使用太多的约定叫。如果他叫了 **3NT**，他可没打算让你改叫。做防守时他基本不给信号，也不会去关注你所给出的信号。而主打定约时，想让他制定做庄路线也是勉为其难。

Futile Willie 徒劳的威利外表温和，脸庞圆润，头上的毛发也还算茂盛。他是个伟大的科学家，喜欢采用所有流行的约定叫——不管同伴是否愿意。他与一个牌手的主要差距在于缺乏判断力。因此他输掉的钱与葛根海姆太太基本相当。

The Unlucky Expert 命蹇时乖的专家总是穿着得体，眼镜架在他那长长鼻子的正中间。虽然专家的叫牌和打法都是无可挑剔的,可是他似乎永远赢不了。问题在于他丝毫不能容许其他牌手犯一丁点的错误。他总能清晰地捕捉到同伴连想都没想到的花色选择信号或者扣叫。而且他对敌手的一切举动也洞若观火，并假定他们会像他一样叫牌和打牌——但他们确实差得太远了。

目录 Content

第一部分

桥牌是怎样打烂的

错误的路一条条都在面前摆着，静候大家的脚步。

——国际象棋大师　萨维利·塔塔科维尔

第一章　显示你并没有的牌型

打强无将，拿着这下面这手牌你会开叫什么？

♠K 7　♡Q 9 8 6　◇K J 9 4 2　♣A Q

我估计你会叫 1NT。虽然有两门是双张，1NT 似乎还是这手牌最好的叫品。它描述了这手牌的牌力，保护了好几个间张并大体上描述了牌型。假如你开叫 1◇，在同伴 1♠应叫后就没有合适的再叫了。2◇叫得过低，而 2♡又叫高了；1NT 是低叫而 2NT 是严重的叫牌过高。

这个牌例和本章标题"显示你并没有的牌型"有什么关联呢？考虑一下这手牌：

♠Q 9 7 3　♡Q 9 8　◇K 10 9　♣A Q 8

打五张高花和强无将开叫的体制，你开叫了 1♣。如果同伴应叫 1◇或 1♡你再叫什么呢？我希望你叫 1NT，这是正确的叫品。你会相信有些人虽然会拿前面那手牌开叫 1NT 却用这手牌再叫 1♠吗？以 1NT 简明表示自己这手牌的牌型和牌力范围的好想法突然飞出窗外了。失去 4-4 黑桃配合的妄想症使一些牌手失去了方向感。他们为何就不怕在第一手牌上失去红心的配合呢？显然，当你手里有两个双张时，更应该寻求配合。如果配合真实存在，进局是很有希望的。

在第二手牌（如同第一手牌）中，1NT 并不一定会结束叫牌。如果同伴有足够的牌力寻求进局，他可以询问黑桃的配合。一些常用的约定叫可以帮助你去核实。无论如何，就算有些时候错过了 4-4 黑桃配合，那又能怎么样呢？不管定约的选择是在 1NT 和 2♠之间还是 3NT 与 4♠之间，打黑桃定约必定要更高一阶。由于你的牌并没有将吃价值，你往往会发现，黑桃定约与无将定约所取到的墩数是相同的。

与徒劳的威利或者类似的牌手搭档，他们会开叫 1♣后再叫 1♠，那么，拿着8点牌和五张红心的应叫人该怎么办呢？面对着黑色的双套牌——这是符合开叫 1♣并再叫 1♠的——他可能会选一门黑花色来打；重叫五张的红心套不像有好结果。但是，假如开叫人有可能拿着我们面前这种牌，应叫人更愿意再叫的是 1NT 或 2♡。

假设徒劳的威利听到了 2♣的选择。打 4-3 甚至 3-3 的草花配合会让他发慌吗？不会，他才不会碰到这样的麻烦呢：他叫回到红心去。现在他可就叫过三门花色了，先是草花，再是黑桃又叫了红心。他完整地描绘了自己的牌——五张草花，四张黑桃，三张红心，且不是低限开叫牌力的牌。看吧，这根本不是他现在拿着的这手牌！

假如只有徒劳的威利一个人这样叫牌，我也许就不会写这一章了。不幸的是，一些自认为是专家的牌手们居然也是这样叫牌的。记得一位前世界冠军在他的专栏里就建议再叫 1♠。我同样记得在一本书中，作者所认为的好几个同样糟糕的叫品其实是相当正常的。除了这样的 1♣开叫和 1♠再叫，他居然在另一个牌例里让开叫人在没有得到支持的情况下连叫三次红心，而根本没意识到这一叫法表示的是七张红心套。

除非你不巧拿到一手别扭的 4-4-4-1 牌，开叫一个花色，再叫另一花色所传递的信息就是：“我在第一门花色里至少有五张，在第二门花色里至少有四张。”持任何比这更平均的牌型，取决于手里的牌力，你都应该开叫，或再叫 1NT 或者 2NT。要传递给同伴的一个非常重要的信息就是，你拿着的到底是不是均型牌。

只有两种类型的牌是例外。如果你的大牌几乎都集中在两个四张套里，你可以叫第二个四张套。如果你在同伴的高花里有很好的三张，你可以加叫他的高花。现在我们从应叫人的角度来看看这个问题：

♠7 3　♡Q 9 8 5 2　♢10 9　♣A Q 8 2

开叫人	你
1♠	1NT
2◇	?

我见过有些牌手叫出了2♡,寄希望于他们的同伴有三张红心。尽管我无法否认同伴有可能会拿着三张红心,但机会是不大的。他叫过了两门花色,表示他在这两门花色中至少有九张牌。假如他在自己的长套里刚好有九张牌,而他在两门短牌里的长度相等,他就只有两张红心。他的短花色更有可能是3-1分布的,而且,他在长套中还有可能多于九张牌。此时,你觉得他的单张会在哪里?正确——就在你最长的花色里。你不会喜欢用5-1配的红心做将牌去打2♡定约吧?

顺便说一句,如果你真的叫了2♡,那么就要指望同伴拿着5-1-4-3的牌型不叫。他已经描述过自己的牌型了。假如因为不喜欢打2♡而叫出2♠就夸大他自己的长套了。

一个简单的指导原则就是:当同伴表示出两门花色后,你如果有个六张套就可以尝试在二阶水平打这门花色,如果有个七张套,就可以尝试在三阶水平打这门花色。这个原则应该不难记住,六张和七张的规定刚好与开叫弱二或弱三阻击叫的长度要求相同。

说到了阻击叫,请考虑下面这手牌:

♠K 3 2　♡K Q 10 8 3　◇A Q 9 6　♣8

假如同伴开叫3♣,你应叫什么?我希望你的答案是“不叫”,这是正确的答案。要想打成3NT,需要同伴有♣AKJ××××,还得需要一两张牌处于有利位置。谢天谢地,我还真不知道有谁会叫3NT。但是,我能找到一两个人要叫3♡。他们会争辩说同伴可能有三张(这年头,甚至可能有四张)红心。因此,他们宁愿打4♡也不愿看着同伴打3♣定约。

如果同伴在三阶开叫,他通常是7-3-2-1的牌型。他的单张可能在哪门花色呢?猜对了——在你最长的花色里。假如单张是应叫人花色中的期待长度,开叫人就有理由认为双张是值得加叫的支持了。所以,应叫人如果要叫一门花色,就需要一个相当好的六张套——对着小双张时也可打。假如你叫一个五张套,那你就是在长度上撒谎,自找麻烦。

寻求但没有找到红心配合的危险是双重的。一方面,你们将被迫打 4♣而不是 3♣,得负分的可能性大大增加。另一方面,你警告了敌方,不要加入叫牌。拿着失配的牌,你本来应该很乐意听到敌方在 3♣之后竞叫,并对他们施以重创。

在下一个例子里,我要讨论的主题依然是"显示你并没有的牌型"。假如你认为这样做太过胆怯了,我确实无言以对。你拿着这样一手无比"强大"的烂牌:

♠10 3 2　♡8 7 6 3　◇10 3 2　♣8 4 3

下家开叫了 1NT,同伴做惩罚性加倍,下一家不叫。你该怎么办?

我承认,这样提出问题不够公平。你想知道 1NT 的牌力范围和谁是有局方。我认为 1NT 的牌力范围无关紧要。但为了讨论方便,假定它是弱无将,12~14 点。局况的问题也值得考虑,就算你们是单方有局吧。

此例中,不叫之外的任何叫品都是很不恰当的。如果你叫了一门花色,同伴就会认为你有个五张以上的套。假如有人加倍了,他可不打算施加援手。你自己可以试一下 SOS 再加倍,但没有把握说这可以改善定约。我见过有牌手用这样的牌叫 2♡,希望敌方不愿意加倍这个定约送你进局。我也见过有些牌手叫 2♣,寄希望于同伴有个长套并叫出来。尽管这两个计谋都有成功的可能,但可能性都太小了点。

本章一开始就解释了,如果你把一手均型牌描述为有牌型,那就是在自找麻烦。此处,你没必要做任何描述。同伴的惩罚性加倍并没要求你叫牌。假如他是低限的均型牌,你们已经身处险境了。虽然敌方会打成 1NT 加倍定约,任何解救行动即使没人加倍你们也要损失 300 分。假如同伴有牌型或者额外牌力,也许他用不着你的任何帮助就能击败 1NT 定约。就算你们得了-180 分或-380 分,这也并非世界末日,这局牌也未必就被这副牌葬送了。整手牌是这样的:

	♠A 9 7 6 ♡J 10 9 2 ◇Q 7 ♣J 7 5	
♠Q 5 4 ♡Q 5 ◇A K J 9 5 ♣A K 6	N W E S	♠10 3 2 ♡8 7 6 3 ◇10 3 2 ♣8 4 3
	♠K J 8 ♡A K 4 ◇8 6 4 ♣Q 10 9 2	

在一次双人赛中,所有叫2♣的东家牌手都把这个未被加倍定约打成-400分。他们还算是幸运的!那些叫了2♡基本都交出了-1100分。在这副牌上乐不可支的是那些不叫的东家,他们让西家独自防守1NT定约,而西家直接兑现了七墩牌。

到目前为止,我们的例子中同伴还没有表示过有配合。当同伴表示配合之后,你同样要注意,不能夸大自己的牌型。除非他跳叫了,他所表示的支持可能是用有欠缺的牌型做出的。

你	同伴
1♡	1♠
3◇	3♡

同伴有可能是以双张红心做出的假示选。如果你继续叫到4♡,应该有六张红心套。红心套仅为五张时,你要另外找个叫品:如果你有三张黑桃支持,叫3♠;如果你有草花挡张,叫3NT;如果方块是五张,就叫4◇。

你	同伴
	1♣
1♠	2♠

此处,同伴的加叫有可能是三张支持。拿着3-4-1-5或者3-1-4-5的牌型,他除此之外还有什么办法呢?开叫的低限牌,他不能逆叫,当你方可能有黑桃配合时他很难再叫自己的草花套。如果他拿着一手均型牌但在某个红花色里有个

小双张，用三张来加叫，总是比 1NT 再叫更好地描述了他的牌。假如你再叫 3♠ 或 4♠，意味着你有五张以上的黑桃。只有四张黑桃但有继续叫牌的牌力时，你要另外找个叫品：如果你能挡住两门红花色，叫 2NT 或 3NT，或者在有草花支持时在某个阶数上叫草花。

请牢记叫牌的主要目标：你和同伴都要向对方描述自己的持牌以求达到最佳定约。切勿把同样的故事讲两遍。如果你前面的叫牌已经表述了在某些花色中的特定张数，除非你有额外的长度或者确定了你方有配合，要谨慎避免再叫自己的花色。

第二章　百年一遇的叫品

在英格兰苏塞克斯的奇切斯特桥牌俱乐部新址开业仪式上，两度威尼斯杯得主桑德拉·兰迪对来宾们讲话时，以一个很好的例子提到了“百年一遇的叫品”。事实上，她选择了一个略为不同的表述方法。关系不大，她选的词在英国以外不是很通用，但意思是相同的。

“大家都听说过跳扣叫开叫人的花色，表示有个可以吃通的长套，要求同伴在敌方花色中有挡张时叫 3NT 么？比如，上家开叫 1♠，你叫 3♠？”听众们点了点头。“那你们听说过‘百年一遇’的 3♠叫品吗？”

“这是什么叫品呢？”大家都表示不清楚。

“我说的‘百年一遇’3♠有些类似的意思。它表示，你自己有个黑桃止张，要求同伴在其他花色中有八个或九个赢墩时叫出 3NT。”听众们哄堂大笑。

我可没有在这里推荐“百年一遇”3♠叫品的意思。但这个例子贴切地描述了这个概念，我实在是无法不提它。一个“百年一遇的叫品”专门完美地设计用于在同伴持有一手极端罕见的牌，但更多时候在同伴拿着一手常见的牌时就会是灾难。

今天，什么样的“百年一遇的叫品”会让牌手们跌入陷阱呢？一个常见的例子就是两家不叫后的加倍。也许我应该使用“百年一遇的叫品”这个说法……你明白我的意思。

♠KQJ984　♡—　♢KJ4　♣10865

下家	同伴	上家	你
			1♠
2♡	不叫	不叫	?

你也许可以假设同伴无法对2♡叫惩罚性加倍:这年头,加倍通常都是技术性的,至少在复式桥牌里是这样。

你现在该叫什么呢?有些学院派会建议,只要你在敌方花色中很短,就该做个平衡性加倍。同伴有可能拿着10个大牌点和六张红心,正翘首企盼着你做出平衡性加倍呢。但这种可能性极小。更大的可能性是,同伴不叫仅仅是因为缺乏牌力而不是因为拿着红心长度。即使同伴拿着7点左右和五张红心,你们往往也不能击败2♡。假如同伴只有四张红心和可怜的大牌牌力,根本就不敢冒险防守2♡加倍定约。此时如果你叫了加倍,你们最终可能被迫用脆弱的将牌在三阶上打个低花定约。难道你不是更希望打2♠么?

一个简单找到正确叫品的办法就是,问问自己,如果在早年间同伴对2♡叫了惩罚性加倍你会怎么做。你会改叫2♠。因为你的牌缺A,但你有第六张黑桃,并且在任何时候都没法帮助同伴出张将牌。对于2♡的防守而言,你这手牌比一般开叫1♠的牌差多了。的确,你应该做平衡叫……但不是加倍,而是要叫2♠。

我在前面提过,有些人说,无论你拿什么牌,只要在敌方花色中很短,就应当做平衡叫。我对这种说法表示异议。更有几位顶尖的专家明确表示过,他们认为拿着完全的低限牌做平衡叫是不智之举。可是,坚持自己观点的人经常用最大的嗓门来淹没主流的意见。很多牌手认为,所有的专家牌手都信奉无论如何要保持叫牌的延续。不争的事实是,大多数真正的专家都会运用自己的判断力,而不会盲目地追随这种说教。

♠KJ984 ♡6 ◇KJ4 ♣QJ65

叫牌的前一部分与上面的相同:你开叫1♠,下家争叫2♡,两家不叫。这回,你应该不叫。为什么?

虽然同伴有可能拿着一手非常期望你能够加倍，他准备惩罚敌方的牌，你能想到让他沉默的更可能的原因吗？他拿着一手弱牌，无法出声。换而言之，你方的牌力不如敌方。

此例中，加倍显然要写上-470分或-670分。简单地不叫，并希望敌方错失了4♡或者3NT。这手只有一个防守赢墩的牌，在西蒙的年代连一手开叫牌恐怕都算不上。事实上，作为有局方，当今也不能开叫。

拿刚才那手垃圾牌跟这手牌比较一下：

♠AQ984 ♡6 ♢A84 ♣A965

下家	同伴	上家	你
			1♠
2♡	不叫	不叫	?

这手牌虽然只多了3个大牌点，却强大得多。如果同伴对你的加倍不叫，可以期待拿到可观的罚分。请这样考虑：即使同伴是一手白皮，只有10领头的五张红心，你们仍然可能击败2♡。你们很有可能吃到两墩黑桃，一个将吃，两个A和一个将牌升级，把♡10提升为赢张。更重要的是，你并不在乎同伴在你的加倍后采取任何行动。他要叫回2♠的话你是很欢迎的。如果同伴没有足够的黑桃叫2♠，又没有足够的红心把对2♡的技术性加倍转变为惩罚性的，那他在低花中就一定有长度。而你这手牌作为明手也是很合格的。你必须牢记平衡叫的常规目标是：要争打一个部分定约，同时要把抓住惩罚敌方的机会作为一个次要目标来看待。

据我所知，目前还没有谁提出过一个标准来衡量，可做平衡叫的牌要比开叫的低限牌好多少才算可靠的。我咬着牙冒险提出我所建议的原则。

如果你的牌比低限牌多一张K，在敌方花色里很短，就可以平衡，通常是用加倍叫品。这表示如果你在敌方花色里是单张，需要14个大牌点，如果是双张，需要15点。双张时需要15个大牌点是有道理的。假如你拿着5-3-3-2和12~14点，这就是弱无将的类型，这不符合做两次叫牌的要求。如果你的牌控制很好或者有很多中间张10和9,对于要求多一张K的原则可略作调整。

当然,我并不是说拿低限牌在任何时候都不能做平衡叫。但要记住,你这样做主要是想把敌方抬高一阶。

♠KQJ984 ♡6 ◇KQ4 ♣1065

在同样的叫牌进程后,拿这手牌我会叫2♠。我清楚地知道,怎么看我们的牌力都不如敌方,但2♠基本不会让我们吃大亏。只需一点运气,某个敌方牌手就会再次叫牌,而我们就可以防守3♡而不是2♡了。确实,我冒了一点点敌方两人都是高限牌力,做平衡叫会使他们有机会叫进局的风险。我不在乎这点风险。首先,他们不太可能都是高限。其次,不平均分布的红心可能会增加他们完成定约的难度。

♠KQ9842 ♡K6 ◇K104 ♣K5

如同对一个开叫做低限的技术性加倍必须对所有未叫过花色有支持或至少能忍受一样,在此处做平衡加倍的低限牌是要有牌型的。与前面的叫牌进程相同,这手牌要以2♠,而不是以加倍来平衡。假如你叫了加倍,你方就太有可能在应该打2♠的牌上打三阶低花了。

♠KQ9842 ♡K6 ◇AK4 ♣K5

又增加了一张A,那这手牌叫加倍就是正确的了。现在,在同伴的任何叫牌之后你都可以继续叫3♠。此外,这时候叫几阶黑桃都是不正确的。叫2♠显得太过于怯弱,而叫3♠你至少要保证七张套。

当敌方开叫,两家不叫后轮到你时,所用的原则是相反的。在我之前很多人都发明过的原则,就是你暗自在脑子里给自己的牌加上一张K。在开叫人之后,你在第四家位置上使用此原则来选择叫品。比如说,如果第二家1NT争叫是表示15~17点,在第四家则是表示12~14点。理所当然,同伴叫牌时要考虑到这一点从而适度地小心从事。尽管这条原则被普遍接受了,还是有些人无论如何都要保持叫牌的继续。

♠4 ♡K964 ◇QJ74 ♣10752

下家开叫 1♠,两家不叫后,我听到有些人说你“必须”加倍,因为同伴“肯定”拿着一手陷阱式不叫的牌。我所说的陷阱式不叫的牌,是指有强 1NT 争叫的牌力,但因黑桃太多,更乐意去惩罚敌方。同伴虽然有可能拿着这种牌,但机会并不大。当你的牌这样弱的时候,几乎可以肯定这手牌的定约权属于敌方。更有可能的是,当你有一次用这样一手牌加倍并获得了可观的罚分,就会有两次敌方叫到并打成 4♠(因为开叫人拿着强牌并利用了再次叫牌的机会),四次或五次敌方完成了加倍的 1♠定约,往往还有超额赢墩。别的危险就是当同伴有一手比较好的牌,你方会叫得过高,同样会让你们吃到负分!

我希望你搞清楚了,你只能替同伴叫出他手中的一张 K,这样你们双方就都不会越界。

花了不少篇幅讨论如何在部分定约领域竞叫后,我们现在来踏足另一领域的问题。

我也许应当在讨论满贯叫牌的章节里再来讲此处要说的问题,但在此处先提提也是适当的。你应当在什么时候做满贯试探,什么时候满足于成局定约呢?克伯森设定的一条简单原则是我无法改进的。如果同伴摊出一手完美的低限牌,能让这个满贯可以摊牌打成,你就可以试探。要注意这里面最关键的两个词:“低限”和“摊牌打成”。如果你需要的是一手完美的高限牌,就忘了它吧。如果即便是完美的牌张也只能让这个满贯值得一打,那也还是要忘了它。寻求完美的高限牌恐怕就是“百年一遇的叫牌”了。每叫到一个这样的好满贯,你都要叫出两个或三个糟糕的满贯。而且,不止一次,你都会在五阶上吃到负分。动不动就叫到 5♡或 5♠并不是好桥牌。我承认,现在这种情况不常发生了——选定将牌并形成进局逼叫可以让牌手们在成局水平之下试探满贯,比过去容易多了——但偶尔还是会见到这种五阶的灾难。

关于最后这个观点,我引用一副最近在中国比赛中出现的牌。

♠10 6 5 4 2	♠A Q 8 7
♡2	♡K J 8 5 4
◇A 8 7 5	◇K Q 9
♣A J 5	♣3

一对英格兰的牌手用上面的牌叫到了 **5♠**(我就不向大家展示令人厌恶的叫牌进程了)。除了将牌里的窟窿,他们还缺♡**A**,低花也需要处理。事实是,他们总共只有 **24** 个大牌点。一旦他们找到了黑桃的配合,两位就都尽量保持叫牌并寄希望于同伴有额外牌力。使用了 **4NT** 问叫后才揭示出谁也没有额外牌力。

我希望大家都清楚了,通常都要假设同伴是一手正常的牌。当你有额外牌力做进一步试探但需要同伴有些特别的牌,你要确保他拿着正常牌时也不会让你们陷入麻烦。

第三章　把牌估值过高

从前大多数牌手只会认定A是4点,K是3点，等等。然后又稀里糊涂地为牌型和大牌是否有用而调整点力。杰夫·鲁本斯的《致胜桥牌的秘密》(售罄多年后终于高兴地看到再版了)在70年代早期突破性地提出了大牌位置的重要性。迈克·劳伦斯的《牌值衡量全书》在80年代早期也提出了类似的建议。近年来,我们又看到了罗恩·克林格的《现代输墩计算》,他也设计了一种新的衡量牌值的方法,这一点我回头还会谈到。让我们先来看看为什么有些牌比别的牌价值要大。你认为这是一手平均牌力的牌吗?

♠A 10 6 2　♡K 9 5　♢Q 8 4　♣J 7 3

这手牌包括A、K、Q、J及所有其他号码的牌各一张。还有什么比这手牌更符合平均牌力吗?需要我告诉你么?有两点使得这手牌低于平均牌力。首先是它的牌型。4-3-3-3牌型的10点牌不能算是有平均牌力,因为它没法再平均了。其次是所有的大牌都分了家,如果大牌能够相互支持就会更有分量。在这手牌中我只能看到一个积极因素:最长的套是黑桃。如果双方都在竞叫,持有黑桃配合的一方占有绝对的优势。

♠Q J 10 6　♡K 9 5　♢A 8 4 2　♣7 3

这更像是一手平均牌力的牌。♠10和♠QJ在一起更有价值。这手牌还有一点牌型,虽然很有限。

♠Q J　♡K 9 5　♢A 8 4 2　♣10 7 6 3

我还能把我的上一手牌改动得更差么?看看这个。现在♠Q和♠J没有护张了,使它们的价值很让人生疑。随着叫牌进程的开展,这手牌的牌值有可能改善么?当然有可能。假如同伴持有高花双套牌,甚至黑桃单套牌,♠Q 和♠J 的价值都会有很大的升值。

♠A 8 5　♡Q 7 4　◇Q 8 6 5 2　♣7 3

♠Q 8 5　♡A 7 4　◇Q 8 6 5 2　♣7 3

你更喜欢第一手牌还是第二手牌要取决于叫牌进程的发展。如果同伴叫红心,第一手牌比较好。你的♡Q 可以填补他的将牌套,除非他是黑桃缺门,你♠A 的价值总是不打折扣的。如果同伴的主套是黑桃,情况就刚好相反了。因为♡Q 的价值不能确定,同伴的红心有可能是短门。

如果同伴的主套是方块并带有一门高花副套时情况相同。如果他的副套是红心,你更喜欢第一手牌而不是第二手——如果他的副套是黑桃,情况则相反。

♠A 8 5 2　♡Q 7　◇Q 8 6 5 2　♣7 3

♠A Q 8 5　♡7 4　◇Q 8 6 5 2　♣7 3

打黑桃定约,你一般会认为第二手牌比第一手强。♡Q 要是能发挥效用,你需要同伴拿着♡K×或者♡AJ×,在黑桃定约中它可能毫无价值。相比之下,有♠Q 可以使将牌套更为牢固。我做这个比较时为什么用了“一般”这个词呢?假如你方有十张或者更长的将牌,如果敌方拿着将牌 Q,很有希望用 AK 把它击落。这样的话,你也许就更希望拿着一张边花 Q 而不是将牌 Q。看看,生活是多么复杂啊!即便是有十张将牌配合,我都没有把握说一张边花 Q 的价值更大:如果需要交叉将吃或者有将牌升级的潜在威胁时,你也许还是希望拿着将牌 Q。

假如是敌方打红心定约你更愿意拿哪手牌呢?此时,你应该挑第一手牌。如果同伴拿着♡J××,你们的将牌组合就能产生一个将牌赢墩。如果同伴有两张或三张小红心,庄家就要猜对将牌才能避免一个输墩。相比之下,♠Q 在防守中吃到一墩的机会就小多了。

♠K 8 5　♡Q 7 4　◇A J 6 5　♣Q 7 3

♠K Q 8　♡7 5 4　◇A Q J 6　♣7 5 3

能够看出这两手牌之间的区别吗？第一手牌有不少软牌力——一些有可能吃到，也可能吃不到牌墩的大牌。第二手牌没有任何浪费，都是顶级牌张或者纯粹的牌力。许多人作为发牌人拿第一手牌时都会不开叫。但很少有人拿第二手牌时会不开叫。

这就把我们带回了本章一开始我所提到的，新的衡量牌值的方法。你会看到，控制牌张，主要是 A，无论在哪门花色里都能体现其价值。与之相反的是，Q、J 和一些大的中间张，只有聚集在一起或者与其他大牌组合在一起才能起到效用。克伯森用他的《大牌赢墩衡量牌值的方法》已经把这一点考虑到了。从一开始，读者就能意识到，我是不会建议回到大牌赢墩年代的。我所倡导的是由罗恩·克林格设计的办法。

在克林格的 HLQT（大牌，长度和快速赢墩）方法中，你要关注三件事情：

1. 你的大牌点；
2. 你两门最长花色的长度；
3. 你的快速赢墩。

快速赢墩计算方法如下：A 或 KQ 是一个，AQ 是一个半，AK 是两个，K 是半个。

你们这两手牌的 HLQT 值情况怎么样呢？都是 12 个大牌点。在最长的两门花色里都是可怜的七张。快速赢墩计算让这两手牌分出了优劣。第一手牌有一个半快速赢墩，第二手牌有两个半快速赢墩。第一手牌的 HLQT 值是 20.5，第二手牌的 HLQT 值是 21.5。

克林格建议，有局方的开叫 HLQT 值要在 22 以上，无局方的开叫 HLQT 值要在 21 以上。为什么在无局方时可以稍微轻一点开叫呢？首先，如果你获得了定约并打宕了，付出的是以 50 分计而不是以 100 分计的罚分。其次，在队式赛或者盘式桥牌中，因为无局方的成局奖分较低，同伴也不会以勉强的牌力叫进局。

据我所知，目前还没有谁为其他类型的叫品设定 HLQT 值。我觉得肯定有人会这样做的。任何一类叫品，只要它需要的价值是弹性的（即无论打什么将牌都是有效用的)也许都应当有个 HLQT 值。技术性加倍看来就是个明显的例子。我认为你们也能想到别的叫品。事实上,除了阻击叫,你总是需要给任何行动设定这样的一个值。假以时日,HLQT 值的 22 理论会替代伯根的 20 法则。

眼下的牌手在衡量牌值方面有了更大范围的选择。但为什么时至今日,他们仍然跟西蒙时代一样,拿着次牌就低叫,拿着好牌就高叫呢？现实中,我认得和读到过的大多数牌手极少会低叫。每当可以选择稍微低叫或稍微高叫时,牌手们总是能找到采取积极行动的借口。他们仅在满贯牌上低叫。每次我查看双人赛定约成功率的时候,都能注意到有许多叫得过高而打不成的定约。我同时也读一些有竞赛报告的桥牌杂志,我知道很多牌手都喜欢读。如果所有专家牌手都把牌叫得这么凶,普通牌手们照着他们的样子来学就是理所当然的了。

North:
♠10 7 4
♡A J 9 6 4
♢10 4
♣Q 10 6

West:
♠Q 8
♡10 8 2
♢A J 5
♣A K 9 4 2

East:
♠5 2
♡Q 7
♢K Q 7 6 2
♣J 8 5 3

South:
♠A K J 9 6 3
♡K 5 3
♢9 8 3
♣7

我是在近期的一本杂志上找到这个牌例的。我没有把准确的每张牌都记下来,但我有把握这个牌例基本不会有错。这是一副四人队式赛中的牌例,西家发牌。从常理上说,参赛的都是专家。在不止一桌上,西-东的叫牌都是 1NT-3NT！所有的书上都说需要 25 点才能打一个局。计算机也核实了 25 点的必要性。可这些东西牌手只有 22 个大牌点！西家是根据什么把他这手牌当作强无将开叫的牌呢?东家又是怎样认定他这手牌足以直接叫进局的呢?我可以解释,但不会原谅他们的行为。

我们可以假设西家为他的五张套加上了 1 点，但却没有把他护张不足的 Q 减去 1 点。更困难的是为东家找出把他的牌估值为 10 点的理由。可以肯定的是,他为自己的五张套加了1点,同样也没有做向下的调整。第10个大牌点从哪里挤出来的,那只能问东家自己了。也没准他为同伴的做庄技巧加上了1点!不管怎么说,东家的牌有好几个值得向下调整的因素:缺乏好的中间张,一个护张不足的Q和较差的控制。以我的意见,这手牌更接近对1NT不叫而不是用2NT邀叫。这个“勇猛”加叫到3NT的行为是对南北方牌手防守技巧的严重侮辱。我很满意的是,牌张的实际分布让那些冒叫者都付出了沉痛的代价。如果这样的牌多出现几次,这些“专家们”也许对他们手中的牌就不会如此乐观了。

想知道这副牌的详细结果吗?一桌,未加倍的3NT宕了七墩,-700分。有两桌,南家叫了加倍,要求同伴做不寻常首攻,一般是较短的高花。如果叫牌就此结束,罚分将高达-2000分左右。至少有一桌的东西方理智地从加了倍的3NT定约逃走了,静悄悄地在4♣或4◇定约上损失了200分。

好吧,我承认这些专家们有时候会选对合格的叫品。这使得比分不会那么跌宕起伏——但平牌是进入不了杂志文章的。不管该受责备的是牌手还是那些专门盯着疯狂牌局写文章的人,一些水平一般的牌手就把这种一味向上调整的风格当作常规手段了。我不认可这种叫牌,并希望你们也不要认可。

另一种以玫瑰色眼镜估算自己牌值的做法,是在输张计算和大牌点之间寻找借口来采用积极行动。你不会这么做,对吧?

♠A862 ♡Q964 ◇4 ♣9753

下家	同伴	上家	你
	1♡/1♠	不叫	?

按照老式的输张计算方法,如果在某门牌里有个A,就可以帮助别的花色里的一张Q,所以,你不必把Q××算作三个输张。换句话说,如果你手里的A和Q数量相当,Q××就被当作两个输张。现代的观念正确地认为这个说法太过于乐观了。除非你同伴叫过这个花色或者Q有J作伴,Q××要算作三个输张。这样说来,如果同伴开叫1♠,你有九个输张,或至少也有八个半输张。

如果同伴开叫的是 1♡，把你的红心当作三个输张就欠公平了。那么，有八个输张，这手牌值得做限制性加叫 1♡-3♡么？常识告诉你说，不行。试着数数大牌点而不是输张计算。即便你把单张算足了 3 个点，这手牌也只有 9 个点。以任何合情合理的标准来看这都不够做邀叫的。是输张计算瞎说了吗？我可说不准。在不做调整的情况下，4-4-4-1 的牌总是被输张计算高估了。如果你知道这一点，为 4-4-4-1 牌型加上半个输张，应该是不会有大错的。

第四章　叫牌中的混乱

有件事总让我感到诧异——也许我有些大惊小怪了——就是看到面对面打了多年牌的人，还会经常错误地理解同伴的叫牌。在没有固定搭档的早年，打盘式桥牌时大家没什么机会造成误解。因为大家都打一种简单的叫牌法，很少甚至干脆不用约定叫。约定叫泛滥的复式桥牌改变了这一切。忘记某个叫品的含义或者对其理解不一致却是时时刻刻存在的危险。

为简化讨论，我们主要谈谈最常出现问题的几个方面：各种 4NT 叫品、逼叫和不逼叫的叫品、各种加倍、叫敌方叫过的花色和形形色色的 2NT。

4NT 的含义可能有十几种。花点时间，还能找出更多含义来。我所认定的 4NT 含义包括问 A、自然加叫、止叫、表示强于已经确认配合的五阶低花，或者在几个扣叫之后作为等待性的叫品。如果你方已经同意了打一门花色而 4NT 是个跳叫，它显然是在问 A(或关键张)。经常出现混乱的 4NT 大多不是跳叫，或是你方尚未明确要打哪门花色；最容易犯错误的风险在于前面叫过了 1NT、2NT 或 3NT。

由于大家一般都没有时间讨论每一种可能的叫牌进程，你也许会认同定下一条通用的原则来解决所有未经讨论的 4NT 是有益处的。我与跟我配合时间最长的固定搭档约定，任何看起来不够清晰的 4NT 总是问 A 的。而且，如果我们尚未明确要打哪门花色，最后一个花色叫品就被当作将牌。尽管这未必是最有效的办法，毫无疑问，它已经多次避免了我们误读同伴叫品的含义。但有一次这个约定让我在金杯赛上后悔了。我拿着大致这样的一手牌：

♠A　♡86　◇KJ4　♣AQ98543

我上家开叫了1♠，我争叫2♣。我下家跳叫3♡，这是个配合显示叫，表示有黑桃支持和红心套。我同伴叫了4♣，开叫人又叫了4♠。我现在很想叫4NT来表示我乐于打5♣(直接叫5♣听起来更像是牺牲叫，让同伴误认为这手牌的定约权属于敌方)。可是，我知道同伴不会这样理解4NT的。我只好满足于5♣了，而敌方继续叫牌了。最终结果是我们拿到了很少的罚分。这有什么不好的吗？我同伴拿着单张红心，我们可以打成6♣。可能就算我们叫到了6♣也没多大区别，因为敌方知道他们有双套配合，为保险起见，他们也会叫6♠的。我们的队友错判了形势，加倍了敌方的6♣，但他们也许不该犯这个错误。由于我们这场比赛输掉了很多分，我觉得这副牌也许关系不那么大。那这副牌为什么又总在我的脑子里转来转去呢？因为这是我跟格拉罕打了二十年牌，约定4NT总是问A这条原则仅有的一次让我们有了大麻烦。

和固定搭档打牌，把4NT在一些进程中定为自然含义是合理的。一个最明显的例子就是你方开叫了1NT。如果你们打转移叫，2◇转红心，2♡转黑桃，你们也许应该把1NT-2◇-2♡-4NT和1NT-2♡-2♠-4NT当作自然含义的邀叫。允许同伴不叫、在转移花色中叫满贯或者叫6NT。如果你想问A或关键张，要先跳叫到三阶花色(如果是逼叫的)，或者如果你们打四阶的转移叫，就先在四阶上转移。无论你们选择哪种约定，基本可以肯定总会比没有约定要强得多。

顺便提一句，跟新搭档坐在牌桌上，商量了打斯台曼、黑木和红花色转移听起来挺简单，像是可以避免所有误会的措施。但我可没把握。如果你们约定2◇和2♡是转移，随之而来的问题就是，1NT-2♠是什么。在我的朋友中，2♠是表示大约11点(面对强无将时为8点)或是没有长套的满贯试探。开叫人在低限时总是叫2NT，可问题出在庄家不是低限的时候。有些人认定一律先叫3♣，在应叫人持弱牌时什么都不向防守方泄露。另一些人认为，开叫人应该自下而上叫出自己的四张套，所以，3♣表示的是四张草花。

这仅是个例子。要点在于，无论你准备接受什么新东西，必须要考虑到表面之外的因素。

下一个重大麻烦发生的领域是，不清晰的叫品，是否就准备打这个定约。比如说一个你方尚未叫过的花色，或者是已经明确将牌后的新花色。换句话说，一个没讨论过的叫品是不是逼叫的呢？无论怎么约定都是可以的。既然桥牌是个定约的游戏，有些人就认为，任何不清晰的叫品都是在试图指定最终定约。但另一些人则争辩说，要想叫到正确的定约，大家都要描述自己的牌，而被放在一个愚蠢定约上的恐惧，不应成为尽量探索定约的障碍。只要你和同伴取得了一致意见，按照哪个思路做约定都是可行的。跟我前面提到的固定搭档，我们的约定是，如果有疑问就把它当作逼叫的。最差也不过就是将定约抬高了一阶而已；但这样我们就能避免灾难性的情况出现，比如打联手只有五、六张将牌的定约。现代叫牌倾向于把越来越多的叫牌进程当作逼叫的，好像如今谁也拿不到弱牌或者低限牌了！

有时你可以避免这种麻烦。你可以选择描述性较差但你知道同伴能够理解的叫品。不久前我拿到的一手牌，有八张好的黑桃，旁门还有一张大牌，叫牌进程是：(1◇)-1♡-(不叫)。我想立即跳叫 4♠，但我马上想起我们约定了要打排除关键张问叫（在高阶上叫出的是你缺门的花色，同伴忽略这门花色的 A 做答叫）。因为，在我们的系统里，2♠是配合显示跳叫（红心和黑桃），3♠是斯普林特（红心套加黑桃单张），同伴把 4♠ 当作排除关键张问叫是合乎逻辑的。于是我用 1♠ 避开了这个麻烦。这种慢慢发展的叫法有放任敌方找到 5◇ 牺牲叫的风险。但是，相比较之下，这个风险总比把八张黑桃都叫丢了要小得多！

另外，如果你想知道我是否冒了被放在 1♠ 上打的风险，我知道这是不可能的。和许多牌手一样，不管正确与否，多年前我们就改掉了对于同伴争叫的一阶答叫不逼叫的约定。抓到一手直接就能指定定约的牌实在是太难得了。

把叫出新花色当作逼叫很大的好处在于，扣叫开叫人的花色保证对同伴有支持（或者，在罕见的情况下，是一手很强的均型牌，对同伴仅有勉强的配合）。

如果你特别想在低阶水平停在自己的花色上，最好采用《桥牌世界》编辑杰夫·鲁本斯设计的转移方法。

回到我们的主题上来，也许你和同伴早就约定好了哪些特定叫品是逼叫的。但你们是否也知道要逼叫到什么程度呢？这又是一大堆叫牌混乱的来源。假设你们约定了打小斯普林特。比如，1♣-1♠-3♡，表示四张黑桃支持和单张红心(不需要用3♡来表示红心套，因为2♡是逼叫一轮的)。如果3♡表示进局逼叫，应叫人可以用3♠作为等待叫。如果3♡不是进局逼叫，应叫人可以用3♠来表示是低限牌，他可能会被放打，3♠成为最终定约。假如应叫人再叫4♣或者4◇又是什么呢？这是有强烈满贯兴趣的试探或仅仅是个顺带的扣叫，以防开叫人有额外的牌力？

当你们约定，对1NT开叫使用转移叫后，叫出新花色来仅逼叫一轮也会产生类似的问题。

你	同伴
1NT	2♡(转移)
2♠	3♡(逼叫，但不一定到局)
4♣	

这个4♣是明确红心还是黑桃做将牌呢？你拿着有草花控制并且有满贯兴趣的任何牌都能叫吗？假设应叫人下一步叫出了4♡，这是扣叫还是要止叫呢？这时你就感觉问题所在了。如果你们约定了转移叫后再叫出新花色是逼叫到局的，这种问题就能避免。此时，开叫人可以叫出应叫人的第一门花色来明确用这门花色做将牌。其他的叫品(除去那些显然是在寻求最佳进局方向的)则都是将第二门花色定为将牌。

没错，既然说到了逼叫进局与逼叫一轮之间的纠葛，我就不能不提到美国标准叫牌法中应叫人在二阶水平叫出新花色的问题了。在很多叫牌进程中，其实谁也没表示出有任何额外牌力，但叫牌进程却是逼叫的。

你	同伴
1♠	2◇
2NT	

你	同伴
1♠	2♣
3♣	

你	同伴
1♡	2♣
3♣	3♡

你	同伴
1♠	2♣
2♡	3♡

在所有这些叫牌进程中，开叫人的叫牌并没有任何特别之处。而是在二阶水平叫出新花色的应叫人保证再叫一次牌。这就形成了几乎开叫人的任何再叫都有逼叫效用。大概你更容易理解为什么第三个叫牌进程形成了逼叫,因为有两门花色的配合后总会形成额外牌力的。

那么，为什么大多数美国标准叫牌法的使用者认为上面的叫牌进程都是逼叫的呢？因为这样叫便于寻找最佳成局定约,并可以在低阶水平上开始试探满贯。除非双方都是低限牌,这种约定叫是很有用处的。如果两个人都是低限牌,那这种约定叫就要惹麻烦了。

尽管避开产生混乱的根源未必是唯一的原因，我有把握说，这一定是各种二盖一逼叫进局体系在现代桥牌里普遍受欢迎的一个重大因素。它让哪些大多数情况下是逼叫的叫品,而哪些是不逼叫的叫品变得非常准确而清晰。你基本上不用去猜哪些叫品是否逼叫了。二盖一逼叫进局体系的最大缺陷就是拿着很多种牌时,应叫人都只能应叫 1NT。我倒是有个可能更有效率的想法,让应叫人有一个逼叫到局的接力叫品,而其他大多数应叫都是在表示对着开叫人是低限牌时否定有进局的牌力。可是,没有足够多的牌手按照这个方法来选择叫品,这样我也缺乏所持观点的确切依据。

我要讨论的下一个主题是低阶的加倍。究竟是技术性的还是惩罚性的？无论是哪一种计分方式,把敌方加倍进局都是惨痛的损失;而放弃了可观的罚分同样也会吃大亏。在《定约桥牌全书》中，克伯森给出了清晰而确切的原则来区分技术性加倍与惩罚性加倍。

其他人也做过类似克伯森所做的工作。我自己就做过。在现代复式桥牌中，牌手们比克伯森时代使用了更多的非惩罚性加倍。我随口就可以说出排除性加倍、应答性加倍、支持性加倍、竞叫加倍和进局试探(高限)加倍。如果常打复式桥牌，也许你还能再想出几个来。的确，有如此之多的方法做技术性加倍，有些牌手把所有在一阶或二阶水平上对花色叫品的加倍都当做技术性的。这可能不是最有效率的方法，但它肯定能够避免把敌方加倍进局。

规则制定者们注意到了这种现象。自 2006 年 8 月起，在英格兰和威尔士，如果你不对同伴针对敌方自然叫品叫出的加倍做提示，它就是技术性的。(而在北美，除非有特殊的含义，加倍是不需要提示的。这个规则的复杂责任相当沉重，不仅要决定每个加倍是什么意思，还要断定对手们是否能了解这些加倍；而且，这个责任还要由加倍者的同伴来承担。)

关于哪些加倍是技术性的，哪些是惩罚性的，不管你和搭档做了何种约定，肯定都会比没有约定要强得多。几星期前，我的对手们就弄误会了。他们清楚地约定过，1NT-加倍-2♣-加倍是技术性的。问题是怎样出现的呢？牌桌上的叫牌进程是这样开始的：

下家	同伴	上家	我
			1NT
加倍	3♣		

上家吃不准在应叫人跳叫后的加倍是否还是技术性的。他不敢冒同伴误会把我们加倍进局的风险，所以就不叫了。没人加倍，定约悄悄地宕了几墩，但队友们叫到并打成了 4♡，让我们挣了个大分。

下面，我们来研究一下叫敌方叫过的花色。什么时候是技术性的，什么时候又是自然叫呢？大多数人的约定是，如果你在前一轮不叫，到第二轮时再叫就是自然叫，比如，1♣-不叫-1♡-不叫-1NT-2♣。很多人在这个叫牌进程中：1♣-不叫-1♡-2♡，认为2♡就是自然叫。有加倍和2NT可以用作显示另外两套的手段，为什么还需要第三种方法来表示同样的牌呢？把太多的叫品用于表示同一类型的牌不可能是高效的做法(因此，我要说到另外一个话题，我对类似将1♡/♠-3♣/◇用于加叫同伴花色的做法很不屑)。

与我前面提到的固定搭档，我们使用常规的迈克尔斯扣叫和牌力加叫(非确定性扣叫)。但在其他情况下叫出上家表示过的花色，是自然意义的。理论上这也许不够完美，不过它减少了我们很多的头痛和误解。

另一个要讲的问题是，如果你开叫或争叫1NT，你下家加倍后怎样处理？如果你们原本使用转移叫，现在还保持原定义吗？2♣还是斯台曼吗？再加倍是什么意思？各种意见都存在，你应该和搭档讨论所有这些叫牌问题。

保持所有叫品的原有含义(有时称之为“体系不变”)有简单易行的优点。即便如此，你们还是需要讨论一下再加倍是要打还是试图逃叫，也有可能是逃往二阶低花。我还记得有一次获得了巨大的罚分——一个敌方牌手认为2♣还是斯台曼而他的搭档并不认同。虽然他们已经处境不佳了，但打加了倍的4-2“配合”的2♠显然不是最好的避风港。

我们从加倍转到再加倍。这又是一个危机四伏的领域。如果叫牌以1♠-加倍-再加倍开始，大多数牌手认为最后一家的不叫表示的是“没什么可叫的”而不是表达渴望防守再加倍的1♠。那么，区别两者的界限应该怎样划呢？如果你们约定所有这样的不叫都是中性的，那对手们就可以使用心理叫了：每当他们害怕你会把同伴的技术性加倍变成惩罚性加倍罚放时就叫再加倍。你们可以使用以下简单原则，如果是叫牌者自己叫再加倍，你的不叫就是惩罚性的，如果是他的搭档叫再加倍，你的不叫则是中性的。按照这条原则，在下面的两个叫牌进程中，你的第二次不叫都是惩罚性的。

下家	同伴	上家	你
		1♠	不叫
不叫	加倍	再加倍	不叫

下家	同伴	上家	你
	1♠	2◇	不叫
不叫	加倍	再加倍	不叫

最后一个主题是关于形形色色的 **2NT** 叫品。在竞叫中，**2NT** 通常用于表示下列三个含义中的一个。首先是自然叫：你想打 **2NT** 或者是进局邀叫。其次是示弱（莱本索尔和好坏 **2NT**）。第三则是表示有两门花色可打。

对于大多数牌手而言，示弱仅用于特定的叫牌进程中。一般来说，如果同伴开叫 **1NT**，下一家争叫了，或者是某个对手开叫了弱二，然后同伴加倍。如果你们打好坏 **2NT**，在下面叫牌进程中 **2NT** 的第三种含义是适用的。

下家	同伴	上家	你
	1NT	2♡	2NT

下家	同伴	上家	你
2♡	加倍	不叫	2NT

下家	同伴	上家	你
			1◇
不叫	1♠	2♡	2NT

如果在上面所有的叫牌进程这都使用这种方法的话，通过 **2NT** 后的叫品都表示比直接叫出的要弱。同伴通常要叫出 **3♣**，此后，如果你原本想打 **3♣** 就不叫，或者叫出你想打的定约。因为莱本索尔和好坏 **2NT** 都是约定叫，坐在牌桌之前如

果没有讨论过，你们就不要使用这些 **2NT**。

除非 **2NT** 是个跳叫，或者我在前面没有不叫过，我喜欢“有两门花色可打”这种理念。这种理念同样适用于同伴或者我在前面叫过 **1NT**。

下家	同伴	上家	你
	1♠	不叫	**1NT**
2♡	不叫	不叫	**2NT**

下家	同伴	上家	你
	1NT	不叫	不叫
2♡	不叫	不叫	**2NT**

下家	同伴	上家	你
1♠	不叫	**2♠**	不叫
不叫	加倍	不叫	**2NT**

在前两个叫牌进程中，如果你是均型牌，相对前面叫牌为高限牌力时，你可以加倍或不叫。而在第三个叫牌进程中，看来你根本不可能拿着自然含义叫 **2NT** 的牌力。在前两个进程中，我的两个可打的花色是低花。而在第三个进程中，红心并没有被排除在外。

如果你在某一点上不赞同我以上所说的，那没有什么关系。需要取得一致意见的是你和你的搭档。

第五章　叫到错误的满贯

如果去问牌手们,他们使用什么装置叫到满贯,大多数人都会回答“黑木”。几位老派的牌手会回答“戈伯”,幸运的话你还会碰到有人提起控制叫牌(或者使用传统的称呼,扣叫)。这表示至少持有四张 A 之中的三张,或者在每门花色上有第一轮或第二轮控制是满贯叫牌的关键因素。让我们来看看这种说法是如何“正确”。

♠A 6 5 3	♠9 8 4
♡A 7 4	♡J 3 2
◇J 5 2	◇A 8 7 3
♣A K 3	♣9 7 2

尽管我特意把四张 A 都给了这两手牌，可这两手牌连满贯的边都沾不上。事实上,你想打任何一个定约都要苦苦挣扎。

♠A 6 5 3	♠K 8 4
♡A 7 4	♡K 3 2
◇9 5 2	◇A K 7 3
♣A K 3	♣9 7 2

又一次,我还是特别大方,把所有四门花色的第一轮和第二轮控制都给你们了。但离满贯的距离还是非常遥远。实际上,你们需要一些好运气才能打成一局。

西	东
♠3	♠98
♡742	♡10 3
◇QJ8652	◇AK7
♣AK7	♣QJ9642

这回,这两手牌总共只有两张 A,而且在红心上连第一轮和第二轮控制都没有。即便如此,假如我不得不在上面这几组牌里打一个满贯(此例中的 6◇),我愿意选这一组。有些人可能会首攻单张草花。有些人可能会“安全地”首攻将牌。也许他们会首攻一张黑桃,没有♡A 的人吃进第一墩。在这种情况下,如果敌方第二墩继续出黑桃的话就让满贯打成了。

我希望你看明白了。满贯最关键的因素是有做出十二墩的牌力。有时候,你即使缺两个 A 也能打成满贯——正如西蒙本人所说的那样。而有时候,你在某门花色里有两个快速输墩也能打成满贯——只要敌方首攻其他三门花色之一,这种情况就很容易发生。但如果缺乏做出十二墩的牌力,你们就很难打成一个满贯。我从一个可靠的信息来源中得知,在一次重大赛事中,如果英国队一个满贯都不叫,他们的得分会好很多。假设总有几个可以摊牌打成的满贯他们不可避免地要叫到,那他们一定叫了很多糟糕透顶的满贯。虽然这是几年前的事情了,它说明在满贯领域里牌手们普遍都有判断力很糟糕的问题。

打成一个满贯一般需要有一门好将牌。要在没有配合的情况下取得十二墩牌,需要 33~34 个大牌点,但这是不经常发生的事。我手上没有现成的统计数字说明这种牌出现的概率,我用计算机做了个快速检索。我询问了南北方持有至少 33 大牌点的牌。机器查了 15,000 副牌才找到 50 副符合这一条件的牌。换句话说,你们要打 300 副牌才有可能拿到一副 33 个大牌点以上的牌。我敢肯定满贯牌的出现频率比这个要高得多。

计算大牌点,包括牌型点,就能让你对己方是否可能有满贯有个基本定位。

记住,要把短套或长套的牌力计算在内。但不能两者都算上,这叫重复计算。合理的计算方法是,有九张或者更多将牌时,缺门算作 5 点,单张算作 3 点而双张算作 1 点。高伦在《大牌计点叫牌法》里就已经提出了这种方法。最近几年,特拉斯哥特和西格兰也表达了类似的观点。在缺乏九张将牌配合的优势时,你们就要更加谨慎地使用较为普遍的算法,即缺门算作 3 点,单张算作 2 点而双张算作 1 点。

输张计算提供了另一种衡量满贯可能性的好方法。哈里森-格雷因推广输张计算而成名,尽管这个方法在 1934 年就已经问世了。现在,克林格的《当代输张计算》提供了基准点。当一手有七个输张的牌面对一手有五个输张的牌,或两手六个输张的牌相遇,或任何两手总共有十二个输张的牌,你们都要考虑叫到满贯。按照粗略的指导原则,一手开叫的低限牌有七个输张,一手非低限的开叫牌有六个输张而一手开叫的强牌(只要同伴应叫,你就坚决要进局)有五个输张。

W	E
♠3	♠9 8
♡K Q 7 4 2	♡A 10 6 3
◇K J 8 6	◇A 5
♣A 8 7	♣K Q J 4 2

如果东家发牌,叫牌以 1♣-1♡-3♡开始。西家得知东家是一手有六个输张的牌(这是跳加叫所表示的;2♡表示有七个输张,而更强的行动则表示有五个或更少的输张)。西家同样拿着一手有六个输张的牌,因此满贯就浮现在眼前了。计算大牌点也会显示同样的信息,跳加叫表示 17 点以上。西家拿着 16 点(单张算作 3 点),两手牌的牌力大致能有 33 点。

联手牌配合很好,并且有做出十二墩的牌力意味着可以打成满贯。事实上,如果首攻不是黑桃,全取十三墩的机会很不错。

W	E
♠3	♠K 8
♡K Q 7 4 2	♡A J 6 3
◇K J 8 6	◇10 5
♣A 8 7	♣K Q J 4 2

当然，联手牌并不总是能配合得那么好的。这组牌的输张数字和大牌点与前面是一样的,但你肯定不想打满贯。因为敌方有两张 A 可以兑现。应该怎样在安全的阶数上停下来呢?

任何问 A 的装置都可以避免你们叫到糟糕的满贯。如果使用正确的方法，你们还可以停在四阶水平上。由于同伴跳加叫你的高花之后你们想打 3NT 的可能性微乎其微,叫出 3NT 并非建议要打是合乎情理的。在这种情况下,你也许可以接受克林格的建议,把 3NT 当作罗马关键张(或者是你们所选择的任何版本的黑木),这样可比一般牌手叫低一阶停下来。

这就把我们带到满贯叫牌另一个至关重要的关键点上。你需要好的将牌。如果你们在旁门花色上有个窟窿,敌方首攻没攻击这门花色时你也许还能打成定约。但在将牌里有麻烦时通常你是绕不过去的。满贯叫牌中,决定是否叫上边缘满贯时要着重考虑将牌质量。许许多多复式桥牌的牌手都以能表示将牌 K 和将牌 Q 的罗马关键张黑木问叫取代了 4 个 A 问叫的老式黑木。因为大家都意识到了将牌质量的重要性。如果你觉得罗马关键张黑木问叫有点过于复杂了,只需把将牌 K 当作第五个 A 来处理,满贯叫牌就可以更为准确。就使用你们现在熟悉的答叫方法,只是把“1 个”的答叫变成“1 个或 5 个”就可以了。没有人会判断不出来到底是“1 个”还是“5 个”! 著名的英国桥牌教师和邮轮桥牌项目主持人伯纳德·马吉把它称作关键张黑木,并把它推荐给他的学生们。

遗憾的是,尽管有了扣叫,罗马关键张等手段,你还是有可能得不到你所需要的全部信息。有时候你无法细细探查但又必须要根据有限的信息做出决定。在这种情况下,一个很好的经验法则是,如果你认为一个小满贯的机会不坏于一飞,那就值得叫。

W	E
♠A Q J 8 7 6 2	♠K
♡J	♡A 4 3 2
◇10 5	◇A 7 6
♣J 10 9	♣A Q 8 4 2

拿着这样的联手牌，你很愿意打6♠定约。只要首攻不是方块，6♠定约几乎可以摊牌了。如果遇上敌方最犀利的方块首攻，飞中♣K的话你还是能够打成6♠。

在一次声望颇高的莱德勒四人队邀请赛上，科林·辛普森和大卫·普莱斯把这组联手牌叫到了6♠，并且没有暴露方块的薄弱点(3♠-5♠-6♠)。他们为此赢得了最佳叫牌奖。实战中，做首攻的人拿着明显要首攻方块的牌，幸运的是，这未影响到庄家完成定约，因为草花的飞牌成功了。

如果你知道满贯至少要飞一次牌，那就要小心了。往往这种定约还需要别的有利因素——比如说，平均的将牌分布或不存在畸形牌、怪牌。

需要飞牌的大满贯应该叫么？有时候你也许应该叫。比如假设你已经弄清楚了，整手牌别的地方都是坚固的，只是方块你拿着AKJ10有损失一墩的可能性。在这种情况下，你可能会有三、四种机会来避免这个方块输张。首先，同伴可能拿着Q；其次，同伴可能是双张；第三，上家可能拿着Q。另外，同伴也许还能在别的花色里做出额外的赢墩，从而垫掉你手里的两张方块。

我认为最有用但却最少被用到的满贯约定叫是什么呢？就是斯普林特。斯普林特有着不同的表现形式，但其所传达的信息如出一辙：“在我们的长套花色上我们有进局的牌力，并且我现在叫出的花色是单缺。”知道同伴哪门花色是单缺的作用有多大呢？

♠AJ8764　♡K4　♢1052　♣KQ

假设同伴叫出斯普林特表示了有四张黑桃支持并且某门花色是单张，即使你是开叫的低限牌你也有进局的牌力。但你觉得打满贯的机会有多大呢？你需要同伴的大牌主要由A构成，这样的话满贯就大有希望。我们随后还要讨论这个话题。要想联手牌配合得好，你需要同伴的方块是单缺。

♠K532　♡A953　♢6　♣A852

♠K532　♡A953　♢A864　♣6

面对第一手牌，6♠几乎可以摊牌打成。而面对第二手牌，即使是5♠都很危险了,除非你能迫使防家送你一个将吃垫牌,否则你总要输两墩方块和一墩草花。拿着第一手牌,同伴对你的 1♠开叫跳应叫 4◇(斯普林特),你马上就知道联手牌配合很好。你就可以用 4NT 来询问关键张(我希望你们已经放弃了 4 个 A 问叫的黑木)后叫到满贯。拿着第二手牌,同伴对你的 1♠开叫跳应叫 4♣,你马上就知道联手牌配合很差。在同伴的单张花色里,大概没有比 KQ 双张更差的结构了。

开叫人也可以使用斯普林特。

♠5　♡KJ93　◇AKQ96　♣A52

♠A52　♡KJ93　◇AKQ96　♣5

拿上面两手牌中任何一手,你都会开叫 1◇,如果同伴应叫 1♡,你就坚决要进局。拿第一手牌,你的再叫是 3♠。拿第二手牌,你的再叫则是 4♣。不跳叫的 1♠或者 2♣都是自然叫并且不逼叫。跳叫的 2♠和 3♣都是自然叫并且逼叫。你不需要用双跳叫的 3♠或者 4♣来表示是自然叫。与应叫人做出的高阶跳叫相同,叫斯普林特所传达的信息是:"在我们的长套花色上我们有进局的牌力,并且我现在叫出的花色是单缺。"

假设同伴拿着这手牌:

♠J87　♡AQ842　◇52　♣K84

如果你跳叫 3♠表示黑桃单张,同伴就会很喜欢自己的这手牌。♣K 将会是很有用的一张牌,而他的三个黑桃输张也就不那么令人担心了。他大概会继续叫 4NT。与之相反的是,如果你跳叫 4♣,他手里的♣K 会立刻减值,只能在成局定约上止叫了。

在世界范围内很难找到根本不用斯普林特的专家。当世界上最好的牌手们都使用同一个约定叫时,你要相信这是个好方法。

一旦你习惯了使用斯普林特,你会在各种各样的叫牌进程中找到使用它的机会。下面是一些典型的例子:

你	同伴
1♡	2♣
3◇	

你	同伴
	1NT
2♡(转移)	2♠
4♡	

未经约定，不要轻易使用这些进程并指望同伴能够听得懂你这是在表示单缺！如果想进一步了解有关斯普林特以及现代满贯叫牌方面的知识，也许你需要买一张 CD 盘——由大师分出版社出版，芭芭拉·西格兰，琳达·李和安迪·斯达克编撰的《满贯叫牌练习》。

我在前面提到过两手均型牌要想打成满贯需要 33~34 个大牌点。即使这样也不一定够：

西 (W)	东 (E)
♠J 8 7	♠A K 4 2
♡A Q 8	♡K J 2
◇K 7 5	◇A Q 8
♣K 10 5 2	♣A 8 3

前景不容乐观。你需要在两门黑花色上都取得三墩才能凑够十二墩牌。即使♠Q 是双张被击落了，你还需要在草花上有些好运气。如果草花的好运不再，那这副牌就非常难打成了。这种 4-3-3-3 的牌型缺乏做墩能力，会让你吃尽苦头。叫牌时要充分考虑这个因素。

这副牌的结构有可能还会更糟。如果西家拿着三张小黑桃和◇KJ×的话，完成到满贯定约就基本没有任何机会了。

尽管水平一般的牌手很少会冒叫满贯，但他们却叫了太多的均型牌满贯。如果同伴开叫了而他们手里有 20 个大牌点左右，他们就理所当然地认为可以打成一个满贯。就像我这个简单的例子所显示的那样,但这种满贯通常是根本打不成的。你今后不会再犯这种错误了,对吧？

幸好两手都是 4-3-3-3 的牌配在一起的情况还是很少发生的。两个牌手中往往会有一个他的其中一门花色是双张,能将吃一次的话就完全可能产生十一墩与十二墩之间的差别。有了这个观念之后,我再向读者奉献一条心得。每当同伴叫出了自然的 4NT 而你决定继续叫时,要叫出你的牌型。大多数牌手当他们认为既不能不叫,也不能叫 6NT 时,就喜欢叫出他们的 A,但这样做并没有太多作用。当你方有超过 30 个大牌点时,缺 2 个 A 的可能性极小。很多时候 6NT 打不成,但在 4-4 配合或强的 4-3 配合情况下做出十二墩的机会相当好。

如果你和同伴谁都没有叫过花色，例如在 2NT-4NT 这样的叫牌进程中，要自下而上地叫出四张套来。如果直接跳叫到某个花色满贯,是表示有五张以上的长套。是的,也许你原本应在较低的阶数上寻求配合。实际上,你可能没有手段这样做。

W		E
♠K 10 8		♠A Q 4
♡A 8	N W E S	♡K 10 2
◇A Q J 5		◇K 9 8 2
♣A K 7 2		♣8 6 3

你	同伴
2NT	4NT
5♣	5◇
6◇	

如果打 6NT,通常你需要草花 3-3 分布才能做出十二墩。而在更有把握的 6◇中,你的牌只需将吃一次红心就能打成这个满贯。

第六章　失败的叫牌体系

在定约桥牌出现的初期，人们对于如何叫牌完全是稀里糊涂的。拿着好牌时就多叫,而拿着弱牌时就少叫。哪门花色长就叫哪门。花色要是特别长的话就多叫一、两次。但很快大家就会发现,如此不准确的叫牌方式经常无法叫到最佳定约。克伯森、高伦和埃柯叫牌法的发明者把叫牌组织成人们能够听得懂的语言,既实用又有规律可循。这对桥牌是很有益处的,但现在看起来钟摆似乎又摆回去了。

依我的经验,随着对刻意编制的强草花体系的热情消退,整个桥牌世界大致分成了两个阵营:一个是打五张高花和强无将开叫的,一个是四张高花和弱无将开叫的。如果你和你牌圈里的牌友们都属于同一阵营的,那就继续在这个阵营里打牌吧。首先,如果你打其他不一样的路数,你连找个搭档都费劲。其次,如果你和所有的搭档都打同样的约定,可以为你节约时间并大大减轻你的记忆负担。如果你转换阵营,在一段时间之后你才能摸清新体系的那些微妙之处。假如一个体系明显要比另一个体系强,那大家老早就会去打同一个体系了。两大阵营各有众多的追随者已经表明哪个体系也不会比另一个体系更具优势。

我可以给出一个五张高花体系流行的原因。主要是便于讲授和应用。如果你连五都数不到,恐怕你早就应该远离桥牌了。那么,四张高花体系为什么没这么受欢迎呢？首先,这种体系要求你运用你的判断力。如果你有一个四张高花套,你必须决定是否要叫出这个套。其次,有些人滥用四张高花体系。他们所开叫的高花套,即使是在克伯森年代都算不上可叫套。

按我的看法,我觉得很多人连想都没想过这个问题,仅仅根据一门花色的长度就决定是否叫它不可能是正确的。这门花色上的牌力是要考虑的一个因素,尽管它不是最关键的。如果我告诉你,你的同伴拿着10领头的三张黑桃,你更愿意拿着哪一组黑桃打6♠定约:6 5 4 3 2还是A K Q J?如果我告诉你,你的同伴马上要做首攻,你希望他攻出你手里的哪门花色:你有6 5 4 3 2的还是你有A K Q J的?假如我告诉你,你的同伴拿着单张黑桃,而你们最终要选择其他花色做将牌,你开叫的花色牌张是6 5 4 3 2还是A K Q J哪个更有利于同伴做出配合程度的判断?

如果你打四张高花体系,并且每次你拿着四张高花都要叫出来,那现在就请收起笑脸吧。我要最严厉地训斥你——我不敢说要训斥"你的老师",因为老师都是好人,我们需要他们来延续这个游戏!说你拿着四张高花时必须开叫,而不是永远不开叫四张高花,相当于用这一种严格的限制替换为另一种——只不过这一种更令人厌恶。如果你拿着很破的四张高花开叫了,同伴在没有四张配合的情况下永远不会加叫,为此你们会错失掉很多5-3好配合的高花定约。如果你拿着很破的四张高花开叫了,同伴怎么才能知道要不要首攻这门花色呢?如果你拿着很破的四张高花开叫了,同伴怎样来判断拿着什么样的牌算是好的配合,拿着什么样的牌算是差的配合呢?如果有人用枪顶着我的头,强迫我选择永远不开叫四张高花或只要拿着四张高花就必须开叫,我会选择前者。

在很多情况下,花色的质量和长度对叫牌进程朝着正确方向发展起着同样的决定作用。

♠7　♡K Q J 10 8　◇K J 8 4　♣K 8 2

♠7　♡J 8 5 3 2　◇K J 8 4　♣A K J

如果上家开叫1♠,你叫什么?我敢打赌,第一手牌你会争叫2♡,而第二手牌你会加倍。

我为什么从开叫又跳到了争叫?我有个好理由。即使你保留了开叫一阶高花是五张套,你还是有可能用四张套争叫,对吧?你是否读过,或听说过迈克·劳伦斯

的《争叫全书》[1]? 他在第二章里讲述了用四张套争叫这个主题。请看看他所写的:

经常出现的情况是,你拿着一手相当不错的牌,但你的上家却先开叫了。感觉上你应当采取些行动,却没有太合适的叫品,你只能不叫。但后来发现,你方有个局部定约甚至是成局定约可打,只是你或同伴都无法加入叫牌。无可否认的是,有些牌你本来是可以开叫的,但在敌方开叫后,你却无法争叫。无论如何,这类牌中的一部分,可以通过用四张套争叫的手段来解决。

他引用了下面这两个(书里还有其他更多的)牌例:

♠KQ109 ♡42 ◇AQ65 ♣K54

下家	同伴	上家	你
		1◇	?

叫1♠。我的指导性原则之一就是,四张套争叫时必须要有一个非常好的套。同伴会尽可能地为你加叫,如果他的牌在其他花色上也是配合的,用三张小牌加叫就是适当的。不要让应叫人为你所争叫套的质量担心。

为什么你要有好套才能争叫的原因,我还可以补充一点。最终同伴往往会是首攻者,你当然不想让他在首攻你争叫过的花色后而后悔不已。

♠82 ♡AQ107 ◇107654 ♣AQ

下家	同伴	上家	你
		1◇	?

1♡。如果因为敌方开叫花色上你手里有五张而让你担忧,那大可不必。你手里方块的长度加上开叫人方块的长度会让你很有把握地说,你的同伴和下家肯定没几张方块了。这意味着你的同伴很可能有红心支持。因此,你手里的方块长度非但不是一种缺陷,反而是一笔财富。

劳伦斯并没有明说一个“非常好的套”具体指的是什么。那我可以告诉你,在所有以四张套做争叫的例子中他用的代表性牌张都是KQ10×。这可归纳为

① 第二版,2004年由大师分出版社出版。

至少有五个顶张大牌中的三张，其中之一还必须是 A 或者 K。最差的也要是 KJ10×。你可以看出来，这些牌的牌力都可以做技术性加倍，但牌型不对。在一门未叫过的高花上只有两张且为低限牌时是不能做技术性加倍的。

如果，我——再加上一些多次世界冠军得主的心得——已能让你接受在适当时用四张套争叫的理念，那么我们就回到更伤脑筋的开叫问题吧。即使你的基本体系是五张高花，我还是要劝你接受在两种特定条件下用四张高花开叫。第一种就是在第三家位置上拿着 12~13 点，有个强的四张高花，符合四张套争叫要求的质量。

♠KQ109 ♡842 ◇AQ6 ♣K54

下家	同伴	上家	你
	不叫	不叫	?

打强无将开叫，如果你不愿意开叫 1♠，估计你就只能开叫 1♣了。最后如果是下家主打，你这个叫品对于同伴做首攻选择并没有什么帮助。同时它也没给下家制造任何叫牌障碍。你剥夺了他的 1♣开叫却送了他一个技术性加倍——相当于对敌方叫牌空间的消耗为零。在第一家或者第二家位置上，开叫 1♣利于你做轻松的再叫。而在第三家时，你没必要为再叫的问题担心。因此你可以开叫 1♠，然后对任何应叫都不叫。面对一个不叫过的同伴，这手牌肯定不可能进局，除非他有极好的黑桃配合。如果真能有的话，开叫 1♠后你自然会听到同伴的回应。

另外一种特别适合四张高花开叫的条件就是，当你的牌比强 1NT 开叫还要好，而你的高花明显是最好的套时。

♠K9 ♡KQJ9 ◇A632 ♣AQ4

下家	同伴	上家	你
			?

拿着这么强的一手牌，你的叫牌要指示同伴首攻的意义已经不大了：因为下家一般没有机会主打这副牌。现在开叫 1♡的要点在于要确保是由你来主打任何

的红心定约,这样可以保护你在黑花色上的间张。你这手牌的牌力还增大了叫到满贯的可能性。在满贯牌上,你要叫出好套并且避免叫出差套。

你的牌越强,开叫 1♡ 就越能保证你们是由正确的一方来主打这副牌。拿着这手牌,最可能的成局定约是 3NT 和 4♡。谁会主打 3NT?如果你开叫 1◇,假如同伴拿着四、五张黑桃(他的应叫会是 1♠)就会是由你主打,但如果他没有黑桃套由你主打 3NT 的可能性就很小了(因为他很可能会应叫 1NT)。而如果你开叫 1♡,你的选择就增多了。如果同伴的应叫是 1♠或者 2♡,你可以再叫 2NT。假如你方正确的定约是 4♡,你开叫 1♡ 就避免了所有成为明手的风险,因为你避免了由错误的一方叫出 1♡ 的情况发生。

这手牌的牌力还增大了你方定约的安全系数。如果同伴加叫 2♡,你可以再叫 2NT,并且可在同伴的牌适合无将时由你来主打 3NT 定约。最后,你的红心套这么好,即使打 4-3 配的 4♡ 也不会有什么问题。实际上,我可以轻松地编出同伴的牌来,你方只有打 4-3 配的 4♡ 才能进局,或者只能打 4-3 配的 6♡ 满贯定约。

你	同伴
♠K 9	♠10 7 4
♡K Q J 9	♡A 10 8 6 4
◇A 6 3 2	◇Q
♣A Q 4	♣K J 10 2

你	同伴
♠K 9	♠Q J 10 7
♡K Q J 9	♡A 8 6 4
◇A 6 3 2	◇K Q 8
♣A Q 4	♣9 2

考虑一下同伴可能持有的这两手牌。如果你开叫 1◇,叫牌进程大概会是这样的:1◇-1♡-4♡。但同伴还会继续叫牌吗?拿第一手牌,未叫过的花色上控制很差而你开叫的方块又失配了,他肯定会不叫。即便他牌感来了然后再叫了,敌方首攻黑桃也会让你们的 6♡ 陷入险境。拿第二手牌,有这么多牌力以及方块的配合,

他肯定不会愿意止步于4♡。如果缺乏黑花色中的第一、二轮控制不会影响到他的满贯兴趣，他有可能会扣叫5◇。也许此后你会叫6♡，也许你不会叫。无论如何，对着你的AQ首攻一张草花就使得你们的6♡成为五五开的赌博了。

拿上面的结果来比较一下你开叫1♡后的情况。拿第一手牌，同伴会应叫4◇，用斯普林特来表示加叫到4♡的牌力并且方块是单缺。这样你就可以直接叫6♡，并且是由正确的一方来主打这个满贯。拿第二手牌，同伴有足够的牌力(刚好够)做进局逼叫的加叫。同样，不管是谁家的老奶奶都会叫出这个满贯并且也是由正确的一方来主打。

虽然花色的质量和长度与你叫牌之间的关联不容置疑，我得承认，打某一特定牌力范围的无将而不打另一范围的，孰优孰劣很难证明。这要用长时间的计算机模拟或者研究几百副大型比赛的牌以后才有可能证明点什么。但我坚信，不管是比赛分制还是IMP制，在你方无局时弱无将比强无将更有效果。不过，在你方有局时强无将略占上风。

我认为，过去打累积分制(盘式桥牌)时有局方的强无将具有明显的优势。那时，你要得很多的小分才能弥补偶尔一次的大罚分。更为平缓的IMP制意味着在四人队式比赛中偶尔输一次1100分其实后果也并没有那么严重。你只要赢几副小分就能捞回来了。有一段时间，在一些国家流行在无局时打弱无将，在有局时打强无将。远离盘式桥牌是这种方法不再流行的原因之一。还有另外一个原因，就是大家都不愿意为不同局况学习并记住不同的叫牌装置。

《无将领域》一书的作者，丹尼·克莱曼告诉我，他已经放弃弱无将改打强无将了。因为他已经受够了自己最后打1NT定约而其实高花上是能找到4-4配合的。他再也不想使出浑身解数后自己只得了90分，然后发现别人都得了110分。我猜想他参赛的那个赛场上别人的叫牌都是1♣-不叫-1♡-不叫-2♡-都不叫。我必须承认，我觉得对手们很少会帮忙。当我偶尔打强无将体系的时候，我常常碰到这样的叫牌进程1♣-1♠-加倍-2♠。不管怎么说，在IMP制或类似的计分制中,你得 90 分还是 110 分其实区别不大。

每当我的队友打强无将,而我的对手开叫了 1NT(弱的)时我都心生怨恨。我知道,假如我们想加入叫牌,就需要在二阶水平上才能开始,而那些拿着我们牌的敌方在另一桌却可以轻松地在队友低花开叫后在一阶进行争叫。我觉得这又回到了一开始所说的,与你熟悉的伙伴们为伍的主题。如果你跟场上别的牌手打不一样的体系,你会造出输赢。人类天性总是如此,坏结果在你脑海里留下的印象远比好结果的持续时间长。

毫无疑问, 打强无将最大的缺陷就是你拿很多牌都要开叫 1♣或者 1♢。这就让对方有了轻易加入叫牌的机会,从而给同伴的竞叫增加了难度。他不知道你在开叫的花色上有长度还是拿着一手均型牌。套用一句成语,这就是祸不单行。把这种情况与打弱无将的情况相比较一下。尽管敌方在你用 15~17 点开叫一阶花色时还可能加入叫牌,但当你的牌更强的时候他们的竞叫就不那么频繁了。无论如何,应叫人舒舒服服地享用到开叫人要么有额外牌型,要么有额外牌力的信息。

从对付 1NT 开叫的种种防守约定叫的数量上你就能推断出这是一项多么困难的工作了:Aspro,Asptro,Astro,DON'T,兰迪,多功能兰迪,柏太奇/汉密尔顿/卡佩来提,Brozel, Pinpoint Astro,海洛,Ripstra。从事实看,既然人们要用这么多不同的办法来对抗 1NT(我可以把单子无穷尽地列下去),你就会明白一件事情:所有的办法都有其缺陷。当你不得不在二阶水平上竞叫时,其难度显然要大于在一阶水平上竞叫。

总的来说,当你拿着 12~14 点的牌时,开叫弱无将是有好处的,当你拿着 15~17 点的牌时,开叫强无将比较有利。由于 12~14 点的牌出现的频次要比 15~17 点的牌高,打弱无将就略占优势。确实,偶尔你会因为开叫弱无将遭受到严重惩罚,但你会惊奇地发现(如果你还没打过弱无将)这是极少发生的事件。

我有大约 25 年左右的竞赛经验, 在我记忆中没有哪场比赛是因为巨额罚分而输掉的。我不认为是因为我已经忘记了。我可以回忆起二十年前有一场比赛的失利，是因为打了个擒将妙招而没有寄希望于防守方的失误。我还可以回忆起输掉的另一场金杯赛，是因为没有从 K×的结构里朝着庄家的旁门花色做出首攻。巨额罚分的事件几乎就不曾发生过。我想，我知道原因所在。出现一次巨额罚分，通常要有五件事情发生：

(1) 同伴的牌力大大低于他应有的平均分额；

(2) 敌方的牌力分配会让某个敌手可以叫出加倍；

(3) 同伴必须没有可供逃叫的单套或者多套；

(4) 加倍者的同伴必须决定不改叫；

(5) 敌方必须打出好的防守。

其实有时候在有局时我拿着破的 12 点牌会不叫，或者在第三家的位置上开叫一门花色，你就能明白为什么巨额罚分极少发生了。我并不真的期望读者调整自己使用的无将牌力范围——我只是阻止你们从打弱无将改为打强无将——我认为在这个话题上已经说得够多的了。

在前面，我提到了只在无局时使用弱无将的办法并明确表示我并不提倡这样做。我越来越认识到，与谁是有局方相关的叫牌法大概是强草花体系走向衰落的原因之一。当你们单方有局时，敌方会在你们的强草花开叫后以各种方式随意插叫。一些继续使用强草花体系的牌手，在自己有局敌方无局时改用别的叫牌法。如果你记忆力超强并且有相对固定的搭档，这么处理也是相当不错的。但对大多数牌手而言，这有些不切实际。

当然，强草花体系并不只是依赖强草花开叫而生存的。只要你做了别的开叫，基本上就把自己的牌力限定在 16 点以下了。与更自然的叫牌体系里只有 2♣开叫是进局逼叫相比，限定性开叫后的再叫和应叫要轻松得多。的确，如果在你的体系里只有一个开叫叫品是逼叫到局的，那所有的一阶开叫所覆盖的范围就太宽了。现在很多人都倾向于轻开叫，使这个问题更加普遍。你拿下面的强牌该怎么办呢？

♠7 ♡AKQ1084 ♢AKQ ♣852

♠A7 ♡5 ♢AQJ98642 ♣AQ

这些牌的做墩牌力远远超出同伴对一阶开叫的预期，但是防守赢墩太少，然而总体牌力却是够做进局逼叫的。即使你在第一轮叫牌时顺利地叫出了你的长套,但在你有第二次叫牌机会时,又该如何表示你这手强牌呢？你要么跳叫自己并不持有的套做个进局逼叫(但第二手牌很难这样做),要么干脆自作主张。你会高兴地知道我并不打算建议你们使用强二开叫,但并不逼叫到局的叫牌体系。就算是埃柯叫牌法的狂热爱好者,可能现在也会承认这类强牌出现的机会太少,并不值得把三个不同的开叫都留给它们。

你们可以约定2♣-2♢-3♡和2♣-2♢-3♠比简单的再叫要弱一些，因此是不逼叫的。这是种办法。但麻烦在于这只能解决一部分问题,并且如果你们约定2♡是最弱的对2♣的应叫,你就不能跳叫3♡。阿尔伯特·本杰明有个更好的办法,他的这个办法后来成为了法国标准叫牌法的基础。把2♣开叫用于比开叫2NT更好的均型牌或者很强(但不能逼叫到局)的单套牌。打2♢是逼叫到局的，而2♡则是消极应叫。也有些人反过来用,2♣是逼叫到局的,2♢是轻微的示弱叫。我没有特别倾向性的意见。为方便继续讨论,我们先按标准的方法进行吧。

一个可能改进本杰明体系的办法就是无将的牌力范围。他建议将2NT开叫的牌力范围放低到19~20点,让2♣-2♢-2NT表示有21~22点。和法国人一样，我觉得最好还是将2NT的牌力限定在你们平时约定的范围内,20~21(或20~22)点，然后让2♣-2♢-2NT表示开叫人有更高一级的牌力。这就意味着2♢-2♡-2NT是逼叫的,从而避免陷入标准叫牌法里2♣-2♢-3NT后的困境,因为这样会使应叫人在寻找配合或试探满贯时感到非常难办。本杰明2♣/2♢体系归纳起来有以下优点：

(a) 你可以表示在四门花色中的任意一门是强的单套牌；

(b) 你增加了另外一种在成局线以下表示持有强均型牌的手段；

(c) 你持强牌的进局逼叫可以回归到保证有五个防守赢墩上;

(d) 类似1♡-1♠-3♣的叫牌进程回归到第二套是真实的自然叫;

而你会损失什么呢？如果你本来是打三门花色的弱二开叫，现在就不能开叫弱二方块了。这是多大的损失呢？它会大于在死谷里丢了雨衣吗？里斯对于许多弱的牌型显示叫品是很刻薄的。对于弱二方块开叫他是有自己的说法的。他认为弱二方块开叫是个伟大的叫品——但这是对哪一方而言的呢？它到底能收获什么呢？

(1) 它告诉敌方,他们应该在某门高花有配合;

(2) 它告诉敌方,他们的牌力占优;

(3) 它给敌方在二阶水平上留下了寻找配合的空间;

(4) 如果最后由敌方主打定约,由于他们的牌力占优而且往往在高花中有长度,这样的2♢会告诉敌方防家的牌情。

你是否想过，意大利蓝队草花叫牌法的发明者为什么没把弱二方块编写进去？你是否想过精确叫牌法的设计者为什么也没有把弱二方块编写进去？答案是简单的。他们的2♢开叫都有着更好的用途。没错,弱2♢打起来简单,而且,如果下家不能及时竞叫,并且同伴能够做出加叫时,它可以是很有效的阻击武器。尽管如此,这些小小的利益根本无法弥补叫品自身的缺陷或者浪费掉一个叫品的损失。正如理查德·帕夫利塞克所说,他愿意付钱给叫出寻求花色配合进局试探的敌手,我也愿意付钱给开叫弱二方块的。

我不知道,只有这么少的人明白弱2♢其实毫无用处,是否因为他们仅仅把弗兰纳雷用作了开叫的备选方案。我对弗兰纳雷开叫了解不多——只知道它表示五张红心和四张黑桃并且不足以逆叫——所以无法评判孰优孰劣。但我可以告诉你,我的许多美国朋友都鄙视这个叫品。我还可以告诉你,有一次我设计一个做庄问题,我能给庄家找到成功路线所提供的唯一线索就是让某个防家开叫弗兰纳雷2♢。你自己琢磨琢磨它是否有价值吧!

你可能不知道，如果弱二方块是这么差劲的叫品，那为什么弱二高花开叫的效果就强得多。看了以下三个关键因素之后你就会明白了：

(1) 当你开叫的是高花时，你更容易获得定约主打权；

(2) 当你在一门高花上有长度时，你方能够有更好的机会进局；

(3) 当你开叫二阶高花后，敌方一般不能在二阶水平上找到他们的配合。

所有这些使得弱二高花开叫比弱二方块更具威力，同时缺陷也更少。

还有哪个敌方打的约定叫是我也肯付钱的吗？有的，那就是应叫人可能对高花并没有兴趣的变形斯台曼。这种约定叫是怎么出现的呢？他们可能把对1NT开叫应叫2NT作为约定叫了，比如是三阶低花的转移。在这种情况下，你就必须另寻邀叫3NT的叫品同时表示对高花没兴趣。为什么这样用斯台曼非常糟糕呢？开叫人的再叫告诉了敌方庄家的牌却对应叫人没有任何帮助。敌方就会知道开叫人是否有四张高花套，有哪一门高花。这种信息会利于防家做出正确的首攻以及他们后续的防守。这经常会帮助防家得到至关重要的一墩牌。

如果你们对1NT后应叫2♠没有约定其他用途，你可将之用于牌力范围的询问。一般来说，开叫人是低限牌时叫2NT，而高限牌时叫3♣。此后应叫人可以对2NT不叫或将3♣改叫为3NT。采用这种办法，你还可以在拿着好牌时用2♠寻求4-4配合的满贯。在开叫人的2NT或者3♣再叫之后自下而上叫出你的四张套。

假如你们使用四花色转移(2♠是表示草花，而2NT是表示方块)，你就需要另一种办法来做2NT邀叫。请看以下的叫牌进程：

你	同伴
	1NT
2♢	2♡
2♠	

你	同伴
	1NT
2♣	2◇
2♡	

用第一个叫牌进程来表示均型牌的加叫。2♠叫品是在告诉同伴:“我根本没有红心套。我的牌或者是没有四张高花的 2NT 加叫,或者是一手好的均型牌,希望找到 4-4 配合,有可能是低花。”开叫人可以按照前面两个自然段我所讲述的,2♠牌力范围询问叫之后的方法继续叫牌。

如果第一个叫牌进程表示是均型牌，拿着五张红心和四张黑桃时你如何试探进局呢?你可以使用第二个叫牌进程,应叫人使用斯台曼之后的 2♡是逼叫的。开叫人如果是没有三张红心的低限牌时就叫 2NT,高限牌时则叫 3NT。有红心支持时,低限牌加叫 3♡,高限牌则选择其他叫品。你无法在 2♡上停下来,但这只是个很小的代价。

有些人约定应叫人可以先叫 2♣，再叫 2♠表示 4-5 的高花并让开叫人成为庄家。这是斯莫伦的一部分,也是种不错的方法。

第七章　双人赛策略

几个月之前，我对面坐着的是一位通常只和我一起打四人队式比赛的同伴。他问我,“你打双人赛的风格是怎样的?”我一时不知道该如何回答。这一晚上的牌打完之后,我知道自己当时该说些什么了:“稳稳当当地打,让对手们去犯错误。”有一副牌给我的印象很深刻。

♠J 7 4　♡9 8 6　◇A K Q J 10 4　♣Q

我开叫 1◇,坐我下家的女士跳叫 3♣。上家提示了这个叫品并解释说这是表示双黑色套。我同伴叫出 3♡,上家叫加倍。这真让我大吃一惊。因为你能猜到我正准备加叫到 4♡呢。“真够帮忙的,”我记得当时是这样想的,“敌人大方地加倍我们进局确实挺及时的。”

我不叫,下家也不叫。同伴然后陷入长考,最后他冒出了 3NT。“这也行,”我认为,“只要他有一张方块,能让我进手,这定约应该好打。我在两门黑花色上都对他有帮助。即便我们每门黑花色都只有一墩牌,他也只需要再得一墩牌。”上家和我不叫后,下家叫加倍。加倍的 3NT 成为最终定约。不幸的是,打牌进程和我预想的完全不一样。同伴的黑桃“止张”居然是 10 领头的三张。敌方兑现了五墩黑桃和♣A 后停下来喘了口气。此时他们还有一个赢张-♡A-但是没有拿到。因此,我们以宕二“脱身”了。

没有人会喜欢得到差分。最让我恼火的是,当一个敌手犯了愚蠢的错误后我们却得了个底分。你能想象出还有什么比惩罚性加倍对方的自然逼叫性叫品更傻的事情吗,就像这个上家加倍我们的 3♡那样?

需要指出的是，同伴只是 **8** 点的均型牌，♡ **KQ**×××和位置好的♣**K**。

最近，萨利·布罗克说，在双人赛上，有 **70%**的牌你都要按照四人队式赛或者盘式桥牌的方式来打。我赞同她的观点。如果你有 **70%**的牌都是以正常的方式叫牌和打牌(或防守)，这就意味着有 **30%**的牌要改变策略，在叫牌或打牌中做改变的机会应当是均等的。如果这种说法成立，那么有 **85%**的叫牌是正常的，有 **85%**的打牌或防守也是正常的。事实上，这并不完全正确，因为某些罕见的情况下，在同一副牌上你的叫牌和打牌策略都会有所调整。从实际角度出发，我们就说每六副牌中有五副你的叫牌与四人队式赛或盘式桥牌是一样的；而且每六副牌中有五副你的打牌和防守也和四人队式赛或盘式桥牌没什么区别。大多数关于双人赛策略的桥牌书籍重点都是在讨论那些你会做出改变的叫牌和打牌或防守。结果你猜都猜得出来。有太多的牌手都刻意地“要搞出点什么来”。

信息是很明确的。在大多数牌上，你用不着急急忙忙加倍对手以求捞得大分；你用不着冒险打 **4-3** 配的黑桃而致 **5-4** 配的方块于不顾；你用不着为了多得一个超墩而将定约置于危险之中；你也用不着为了一个额外的宕墩而冒着让敌方定约打成的风险。

W	E
♠A K 3 2	♠8 6 4
♡A K 6	♡10 3 2
◇A 8 7 6	◇9 2
♣8 5	♣A K Q 6 4

在 **3NT** 定约上你遇到了黑桃首攻。指望黑桃 **3-3** 分布显然不太现实，因此你必须要做草花。有些人会直接出大草花。他们辩解说比赛分制中超墩是至关重要的，而这是获得超墩的最好打法。你能发现其中的谬误吗？草花 **4-2** 分布的可能性是 **48%**，而 **3-3** 分布的可能性是 **36%**。连打顶张大牌想全取五墩草花的打法，其最终结果是，每三次你会获得一个超墩，但你会把定约打宕四次。

这种打法的成功概率听起来就不怎么样。一定要牢记的是，只要叫到一个合理的定约,你们就已经挣到几个比赛分了。而如果你把定约打宕了,就等于将这几个比赛分也葬送了。所以你应该先送出第一轮草花,就像在 IMP 计分制或累积计分制时一样。你们可以期望这副牌的得分会超过平均分。

现在我们把东家的牌稍稍变动一下。

西	东
♠A K 3 2	♠8 6 4
♡A K 6	♡10 3 2
◇A 8 7 6	◇9 3
♣8 5	♣A K Q 10 4

同样,你打 3NT 并遇到黑桃首攻。这次,在比赛分制中正确的打法是用♣10 飞。如果草花的分布不坏于 4-2 并且北家持有 J,你就能拿到五墩草花,获得一个超墩。在草花是 5-1 分布而北家持有 J,或草花分布不坏于 4-2 但南家持有 J 时都能得到四墩草花。这是获得四墩草花最佳打法并且也是最有可能获得五墩草花的最佳打法。如果北家有 J×××, J××××或者××(25 种结构),用♣10 飞牌的打法都比打击落♣J 更具优势。这种打法仅在南家拿着 J××或者 J×或单张 J(16 种结构)时会有损失。也就是说,即使所有人都打 3NT,你采用飞牌获利的可能性要大于受损的可能性。

我们把东家的牌再稍稍变动一下。

西	东
♠A K 3 2	♠8
♡A K 6	♡10 3 2
◇A 8 7 6	◇9 3 2
♣8 5	♣A K Q 6 4 2

你还是主打 3NT 并遇到黑桃首攻。这回,你就要在比赛分制上改变打法了。由于定约和首攻都是正常的,而草花 3-2 分布的机会远大于 4-1 分布,就应该让定约承受风险,你要直接连打大草花。

拿着这种草花结构,你是否有可能在双人赛时放掉一轮草花呢? 如果你认为己方已经比大多数人找到了更好的定约，你可以这样打。

♠A K Q 2		♠8
♡A 10 7 4	N	♡9 8 5 3 2
◇A K J	W E	◇3
♣8 5	S	♣A K Q 6 4 2

假设这副牌由你主打 **6NT**。北家很友善地首攻了一张方块。以东家的畸形牌和你们 **5-4** 的红心配合，你敢打赌很多人都会去打红心定约。无论红心如何分布，只要你打 **6NT** 能做出十二墩，你就能胜过所有打 **6**♡，**6**♣和所有只叫到局的人。所以你应该满足于 **85~90%**的比赛分，简单先送掉一墩草花。不应该为了一个超墩而让这样一个好分陷入险境。无论如何，你并不希望草花是 **3-2** 分布。如果真是 **3-2** 分布，有些人可能会叫到 **7**♣或者 **7NT**。在这种情况下，**6NT** 超一也不会让你得个顶分。

假如拿不准，就争取得正分。这对叫牌和打牌都同样适用。这意味着你用不着去叫机会渺茫的局或者满贯。如果打牌有难度，只要你拿到尽可能多的赢墩就会取得好的比赛分。只要选对了定约的方向同样能让你得个好分。我记得有一次拿着 **6** 点牌，有六张黑桃好套。当时我们打弱无将，叫牌进程是 **1**◇**-1**♠**-1NT-2**♠。当明手摊出牌时，很显然是同伴数错点了，因为她有 **19** 个大牌点。我毫不费力地拿到了十墩牌和 **170** 分。这牌最后我们居然非常接近平均分。很多人叫到了局但却没有找到黑桃配合，在糟糕的 **3NT** 定约上得了负分。

当你做是否要牺牲的决定时，需要重点关注真正的敌手——那些坐在其他桌上和你拿着同样牌的人。假设你们桌上的对手叫了 **4**♠，你在考虑是否以 **-300** 分（无局方加倍宕二）的代价用 **5**◇牺牲。叫 **5**◇是否正确？这取决于有多少人会叫到并打成 **4**♠。如果赛场上大多数人都打 **3**♠得 **170** 分，**-300** 分对你们来说和 **-620** 分一样，都是底分。你也许应当找机会击败 **4**♠。如果所有人或者相当一部分人都打不成 **4**♠而吃到负分，你还是应该选择防守。如果其他桌上的 **4**♠定约会打宕,你的对手也有可能打宕。

我当然不是说你永远也不能做牺牲叫。这有点像你在防守时,决定是要减少敌方的超墩还是要试图击败定约。假如你要牺牲,就肯定要吃负分了。你需要三思而后行。

事实上,这两种局势并不完全一样。如果你看到了明手的牌,就有可能知道敌方叫到了一个不同寻常的定约,完成定约的话他们就会得高分。在这种情况下,你就要尽力击败定约,就像你打盘式桥牌或四人队式赛时一样。

下家	同伴	上家	你
1♡	2◇	2♡	不叫
不叫	3◇	不叫	不叫
3♡	不叫	4♡	?

你不用看自己的牌就知道,整个赛场没有其他人会叫到 4♡。你们必须击败这个 4♡才能避免得个差分。只有在你们是无局方并且有信心只会宕一墩时才能叫 5◇。你前面的叫牌(或不叫)已表示这是根本不可能的。你算清楚了为什么在无局时只能宕一吗?如果你们得了-100 分,就能胜过所有得-170 分的人。-200 分或者-300 分注定会让你们得个差分。总的来说,如果对方的叫牌听起来别扭,你只有在损失不超过不成局定约的得分时才可以牺牲对方的成局定约。

这条原则可以扩展到对满贯的牺牲。因为在赛场上大家叫满贯的本领都很差,除非你能指望罚分少于敌方成局得分,你才会考虑对其小满贯做牺牲叫。同样道理,你极少会对敌方的大满贯做牺牲叫,除非你能指望牺牲叫的罚分比小满贯的得分更为便宜。

通常, 牺牲叫的最好时机是在敌方叫到他们最终的定约之前。因为这样做可以对尚未完成描述清楚自己牌情的敌方施加压力,迫使他在更高阶数上做叫牌决定。别忘了,把敌方抬高一阶(也许不包括从五阶低花抬到六阶低花)往往正是牺牲叫的目标。

♠8 6　♡10 2　◇Q 8 5 4　♣A 9 7 5 3

你	下家	同伴	上家
	1♠	2◇	2♡
?			

既然你的两个双张都在高花里，敌方肯定在黑桃或红心，或者在这两门花色上都有配合。叫 5◇ 可以给敌方施加巨大压力。如果对红心有支持，下家就不会叫加倍，他还要表示支持呢。即使下家叫了加倍，上家如果拿着尚未表示出来的黑桃配合也不会对加倍不叫牌。直接叫出 5◇ 的最终结果就是你方将防守 5♡ 或者 5♠。

五阶高花是个伟大的定约——对防守方而言。如果敌方拿到了十一墩，这与他们在低一阶打高花成局定约相比其实也没占到什么便宜。如果他们没拿到十一墩，恐怕他们就叫错阶数了。顺便说一句，如果你的牺牲叫把敌方抬到了五阶高花，绝对不要叫加倍(除非你有把握打宕他们)。只要定约宕了，你们就很有可能拿到一个好分。

本章我要讲的下一点不是关于双人赛的。但它与复式比赛有关，放在这里似乎很合适。比赛中，在赛程过半时，如果你发现落后了或者你觉得落后了该怎么办呢？你可以稳稳当当地打，希望前半场的坏运气在后半场里会自动扯平吗？你是否该寻求起伏，选择一些非常规的叫品和打法呢？两种策略均有可能奏效——这取决于这种局面是怎样发生的。假如牌确实很难处理，那些拿着和你相同牌的人，在其他桌上也会遇到同样的困难。有时候你觉得输了但其实并没输。经常发生的情况是，同伴或者我，或者我们的队友都在结分时为差分不停地道歉，但大家最终却放声大笑并相互祝贺。如果你确定你们已经落后，可以稍微采用一些小概率的办法。我必须强调稍微这个词。我必须还要强调，在叫牌中的小概率办法也可以是低叫，但大多数人总是一味地高叫！

我可以回忆起在两次比赛中我和同伴(两次都是格拉罕·艾兰)都是为了挽回

相当落后的局面而主动出击。第一次是在一个县级淘汰赛的决赛。剩八副牌时我们还落后 23IMP。尽管我们的对手是个强队——这个队自认为能够打败我们——但其实我们打的并不差。我只能记得有副牌我们试图“造输赢”,细节我当时就忘掉了。我们两人中有人开叫了 2NT,然后两个人都多叫了点后,于是就叫到了一个险象环生的 6♡。我同伴这副牌的庄做得很好,只宕一。当我们结分时念出(也许我该说是供认)我们得了-50 分时,队友们用一个词简单回复:“平牌”。他们把 4♡都防宕了!我们只要停在成局定约上就能赢得一副大牌。但这回幸运女神眷顾了我们,故事有一个幸福的结局。我们在其他牌上赢到了足够的分数,以1IMP 赢得了比赛。

另一次更不成功的例子出现在 1994 年金杯赛的决赛上。我们的局面与上一次相仿,时间不多了并且落后比较多。我记不清我手里准确的牌了,但那是一手好牌——如果我前面没有人叫牌,我是计划要开叫 2NT 的。同伴开叫了 3♡。我们使用的多功能开叫包括弱二开叫。这意味着同伴有七张红心。我在黑花色里有六个赢张,决定如果关键张中只缺◇A 时就叫 7♡。毕竟,由拿着这张 A 的人做首攻的概率只有 50%。同伴对 4NT 的答叫说明除了◇A 之外还少了一个关键张。我只好 5♡止叫。敌方兑现了三墩方块,或者是两墩方块和一个别的赢墩,5♡宕一。同伴也是在制造机会,他开叫 3♡的牌除了♡QJ10×××之外就什么都没有了。

我们另一次在金杯赛决赛上的努力也失败了——这次完全是我独立出演的——也许应该输更多分的。我方有局,上家开叫了 12~14 点的 1NT。我有不错的 13 点和♡QJ10××。通常我是不会加倍的,但我当时认为这是凭空捞到 500 分的好机会。糟糕的是,下家的牌比我同伴的好多了。加了倍的 1NT 最终超一。

如果你认为叫一个有太多快速输张的满贯成功可能性太小,不值得考虑的话,我要坦白一件事情。在一次克劳克福茨比赛中,我们队在半场时领先了不少;这时,一个我在剑桥上学时就认识的对手玩了这样一副牌。他的牌大致是这样的:

♠A Q J 8 6 5 4　♡6　◇K 4　♣K 8 5

他的同伴开叫 1◇后，他应叫 2♠，同伴加叫到 3♠。他跳叫到 4NT 并看到(我们是使用叫牌卡的)回答是 5♡。这表示两个 A 或者一个 A 加♠K——标准的罗马关键张问叫。于是他跳叫到了 6♠。他后来解释说，他当时希望同伴拿着两个真正的 A，而♠K 可以被飞中。事实上，他的同伴像更可能出现的情况一样，是拿着♠K 的。这意味着我们有两个 A 可以兑现。他很幸运，因为我有一个，而同伴拿着另外一个。但我们做梦都没想到同伴还会有一个 A，满贯就这么打成了。

我觉得，大多数出击都发生在叫牌里，因为打牌中机会很少。尽管如此，在打牌中一旦有机会出现，它往往是个具有吸引力的选择。因为你可以简单地计算出你的打法有多大的成功机会。比如，假设你在打 4♠定约，叫牌中没有任何线索，一切都将取决于将牌的打法。你拿着 AJ10××，明手是 K×××。一般来说你要先兑现 K，再兑现 A。Q 为单张，双张或者下家是缺门时这种打法都能成功。但如果你需要制造输赢，那就按某个防家拿着 Q 来飞牌。这样打的话成功概率略低，如果你这样飞了，就可以认为自己造出了输赢。只是希望你飞对了方向！

第八章　失败的首攻

许多人都写过整本的书来讲首攻问题。我写过，迈克·劳伦斯、罗伯特·B·艾文、萨利·布罗克和大卫·伯德/塔夫·安提亚斯也都写过。肯定还有其他人写过。我不想重复你在别的书中到处都可以读得到的问题。我要谈的，是我近来发现的几个失败的首攻例子，并回答一些我的学生们所提出的问题。

所有人都认为从没有其他大牌的 A 领头的花色里出小或出 A 都不是好主意。这样出风险很大并且常常会迷惑同伴。同样不好的，有时甚至更糟糕的是从 J×× 里首攻。确实，我同伴最近几次从 J××结构里做首攻都让我们吃亏了。有一次，她首攻的这门花色庄家拿着 A109×，明手拿着 K8×。庄家在这门花色里吃到了四墩而不是两墩（他没有机会投入我们），让我们吃了个底分。另一个搭档也从 J××中首攻，我在这门花色中是小双张。这个首攻并没有直接导致我们损失牌墩，但误导了我（如果你能原谅这俏皮话），因为我很自然地以为他是从四张套中攻出的，错失了防守的时机。

从 J××中首攻的错误包括三个方面：(a)它没有什么攻击性——你要碰到同伴在这门花色上有很好的结构才有可能获益；(b)它非常不安全——任何时候，如果同伴仅持有 A、K 或 Q 中的一张，就很有可能会损失一墩；(c)它很容易迷惑同伴，因为你首攻最小的牌看起来很像是从长四里攻出来的。

让我恼火的另外一点，是同伴本来有个明显的首攻，但却选择出另外一门花色。一天晚上，我同伴在一副牌上有 KQ10×的黑桃，在另一副牌上有 KQ9 的红心，都不是敌方叫过的花色。但这两次他都没首攻 K 而是出了别的。结果都让我们至少损失了一墩牌甚至是两墩牌。而我们本来都是可以把定约打宕的,第一副是因为可以顶掉一个重要的进张，第二副是可以建立一个额外的防守赢墩。更要命的是,因为这两副牌他没有首攻这些有牌力的花色,我都把他的大牌定位到了别的地方。

的确,大家都喜欢拿着 KQJ×时首攻 K,但生活从来都不是完美的。我们必须拿着发到手中的牌来打。我相信读者是不会做我上面所说过的事情的。至少,不会总是这么做的,对吧?

让我说说另一次非正常的首攻吧。对抗 4♡时,我搭档首攻了一张草花,我看得出这是从 Q 领头的四张里攻出的。打牌的后期他垫掉了♠J。我可以看到♠Q 在明手,而我自己拿着♠K。由于同伴没有首攻黑桃,我可以推断出他是从 AJ10××而不是从 J109××的结构里扔掉了 J。但从对方的叫牌中我能判断出他不可能持有♠A。当你只能相信敌方而不是你的搭档时,确实是件非常令人伤心的事情。

在谈到所有这些失败的首攻时，你可能已经注意到了有个词明显地缺失了——就是“搭档”前面的“固定”两个字。我为什么把能找到好的首攻作为搭档的重要特质呢？首先,你和搭档一起防守的次数大致跟叫牌的次数一样多;其次,要想打好防守则需要搭档间默契的配合。至关重要的是,你们双方都能理解对方是在做什么,而且,你们所开始的击败敌方定约的尝试都是最有效的或者至少是能让人理解的。

如果你和搭档都可以相互信赖对方不会在有连张结构时从间张或破套里做首攻,就可以帮助你们后期的防守:

	♢10 6 4	
	N W E S	♢A 8 5 3 2

在这个位置上,拿着东家的牌防守一个花色定约,你能确定庄家不会拿着单张 K,所以可以安全地从 A 下出小,或者在明手出方块时跟小。为什么这么说?

因为如果庄家拿着单张◇K，同伴就会拿着◇QJ9×，那么他就会在第一墩时首攻这门花色。

这一部分结束前我不能不说说另一个离谱的首攻。防守4♡定约时，我同伴首攻一张方块，后来换攻出♣A。我拿着♣QJ×，我认为肯定不能放弃Q，因为庄家很可能拿着K10×。剩下的事你猜都猜得到——同伴其实还拿着♣K。我们原本可以兑现到三墩或四墩草花的(因为明手已经没有将牌了)。我实在想不通他为什么在第一墩时不首攻草花。而如果他换攻的是♣K，我们也能避免损失，第一墩之后，出A是否认有K，并要求同伴在持有K的时候给出欢迎信号。但如果你拿着AK时出A，则永远也得不到有用的信号。同伴根本没有K，所以他只能给出不欢迎的信号。要注意，从AK中出K这条原则，如果不是更严格的话，同样适用于首攻者的同伴和首攻者本人。

换个话题说说。常常有人问我，在敌方类似1♠-3♠-4♠这样的叫牌进程后，拿着下面的牌我会首攻什么：

♠7　♡Q 9 4 2　◇K 10 4 2　♣J 8 4 2

我不喜欢攻单张将牌。它通常会破坏同伴的将牌结构。那么，我是该从K、Q还是J下首攻呢？如果没有别的因素干扰，我会从Q领头的套里首攻。一方面，我不用每次都是当场才做决定。另一方面，我认为这里面有个技术优势。如果同伴在这门花色上是烂牌或者最大的是J，这种攻法不像是会葬送一墩牌，因为庄家或明手通常会拿着双张或单张。当然，如果同伴拿着A但没有K，这样首攻可能会免去庄家的一个猜测。没办法，这时候谁也没有万全之策。

在很多情况下，我比较看重花色的长度。我倾向于首攻最长的套而不是短套。如果某个敌手在这门花色上是短套，攻长套通常比较安全是这个主题的延续。因为你打丢了的潜在赢墩原本就有可能会被敌方将吃掉。另一个因素就是小牌的号码，主要是看它们离这门花色最大的那张大牌有多远。此牌例中每门花色最大牌张与第二大牌的距离都是两张。和往常一样，叫牌进程能提供至关重要的信息。

如果你估计明手有赢墩的来源,就要进攻。这就意味着要从短而强的花色而不是长的弱花色里首攻。还有什么遗漏的么?

你手里牌的总体牌力同样是个关键因素,因为它关系到同伴可能会有什么样的牌。我希望你知道，在对一个满贯攻牌而你自己有一张旁门A时不要首攻单张。如果同伴能有进手,这个满贯无论如何也是打不成的。把这个主题扩展一下,看下面的例子:

(1) ♠9 7 3 ♡9 8 3 ◇K J 8 4 ♣10 8 2

(2) ♠A Q 3 ♡9 8 3 ◇K J 8 4 ♣K 10 2

在以上两个牌例中,敌方的叫牌都是1♡-2♡-4♡。为什么在第一个牌例你要首攻◇4,而第二个牌例你要首攻一张将牌呢?你在红花色中的持牌是相同的。答案在于你预期同伴会拿着什么牌。如果你有4个大牌点而两个敌手的牌力都有限,那么同伴大约就会有一手接近能开叫的牌。要想击败定约,你需要同伴拿着一手好牌。如果同伴有12个大牌点,就很可能有◇Q或者◇A。反之,如果是你拿着一手可以开叫的牌,而敌方叫到了局,那同伴的牌肯定就非常差了。认为他可能持有◇Q是很轻率的,要是认为他可能持有◇A那就更没道理了。你说对不对?

你自己的有所行动或者不作为是否曾经误导同伴做出失败的首攻?如果你拿着一手破牌和一个破套做争叫,就会导致这种情况发生。在错误的时机做出指示性首攻加倍也会造成这种结果。

♠7 ♡K 10 4 2 ◇K 10 4 2 ♣J 8 4 2

下家	同伴	上家	你
		1♣	不叫
1♠	不叫	4♠	不叫
4NT	不叫	5♡	?

我见过一些人拿着这种牌加倍5♡示攻。这些人争辩说他们乐于看到同伴首攻这门花色。你能看出这种说法有什么毛病么?经过这样的叫牌进程敌方叫到

6♠后,同伴会首攻什么？肯定是一门红花色。你同样乐于看到同伴首攻方块!

也许,我该谈谈常见的首攻问题了。对大多数人而言,标准的攻牌法——部分从惠斯特、竞叫桥牌年代开始——首攻连张的顶张大牌，没有连张时首攻长四——这些攻牌方法已经经受住了时间的考验。但有两个地方确实改进了。第一个是从 AK×(×)(×)中出牌。从前牌手们拿着这样的牌都是先出 K,所以当他们从只有 A 的花色里出 A 时,同伴就不会为 K 在谁手里而心生疑惑了。此后,桥牌权威们一致认为没有 K 时出 A 通常不是个好主意，所以就没有必要保留这种出 A 否定有 K 的出法了。模棱两可地出 K 会产生类似的问题：

◇10 6

◇8 5 3 2

在无将定约里,如果同伴攻◇K 看来鼓励是很自然的事。但如果他是从◇AKJ×中攻出来的,最好还是别鼓励他。

◇9 6 3

◇8 2

通常在同伴出◇K 时你要表示不欢迎他继续出这门花色,以防同伴在第二轮时朝着南家可能有的 AJ×出牌。不幸的是,如果是在花色定约里,同伴的这张◇K 有可能是从◇AK××中打出的,那你就遇到问题了。你很想表示欢迎同伴继续出这门花色,然后给你将吃一次。出 A 表示有 K,出 K 否定有 A 的打法就可以避免所有这些麻烦。

什么时候应该从 A-K 里出 K 呢？对抗满贯时你要从 A-K 里出 K。这时候你也可以在没有 A-K 时出 A。在一门未叫过的花色里,出 A 会是对抗满贯定约的好首攻。如果敌方叫牌上出了问题,同伴可能会有这门花色的 K。即使不是这样,如果你不立刻兑现,这张 A 也很有可能再也吃不到了,这在你或同伴拿着敌方长套的一个赢墩时损失惨重。让同伴知道你的持牌情况至关重要。如果你拿着 A-K，他必须给出信号告诉你，第二轮是否能吃到。如果你只有 A，同伴必须告诉你他自己是否有 K。

有些专家认为在五阶定约上也应该从 A-K 里出 K。如果敌方叫到了一个五阶的低花成局定约，他们往往在某一花色里是完全没有止张的（否则他们就会打 3NT 了）。这就意味着你仍会用 A 来开路。

有些牌手约定，无论防守几阶定约，出 A 都要求同伴给出姿态信号，出 K 则要给出张数信号。出发点在于，拿着一个长套，你需要知道第二轮是否能吃到，所以要出 K。与之相反，拿着 AK×或者 AK××，同伴是否有 Q 也许是最重要的，此时你要出 A。拿着 A-K 时这种出法的效果不错。问题出在你拿着 K-Q 时，你未必需要同伴的张数信号。如果我同伴要求出 A 时要给出姿态信号，出 K 时要给出张数信号，我可以照办，但我自己并不会主动要求使用这种出法。

另外一个从定约桥牌的早期就使用的打法如今也发生了变化，这就是三张小牌的出法。顶上无大牌的出法让同伴永远无法知道你什么时候拿着的是双张。有些美国专家从三张小牌里出最小的。这种方法解决了一个问题却又带来了另一个问题：同伴再也无法知道当你出一张小牌时，你在这门花色上是否有牌力。世界上大多数的牌手从三张小牌里都是出第二张。这样，出最大的小牌表示双张，出中间的小牌表示有长度但牌弱，出最小的牌既表示出长度又表示有牌力。

你认同这种出法么？我们先从你持有四张（或更长）的小牌说起。为什么出第二大的小牌要比出最大的小牌要强呢？首先，有些情况下你不能随便将最大的牌张浪费掉。如果庄家或明手这门花色上也有四张，你最大的这张牌可能会吃到该花色的第四轮。再者，如果你首攻第二大的小牌，会给你在第二轮再出这门花色时有更多的选择。通常，你下一张要出你的第三大牌。但现在你有了用跟出最小牌张或最大牌张作为花色选择信号的打法。从叫牌中，同伴一般都会知道你拿着的究竟是四张还是双张，不存在他误解你是双张而试图给你将吃一次的选择。

如果你认为他有可能读不清形势,首攻时你给第二张,然后跟出更大的那张牌,明确告诉同伴不存在将吃的可能性。

◇6 5

◇9 7 3 2 　　　　◇K J 4

◇A Q 10 8

同伴基本上不可能会读错这个首攻。尽管南家的结构很强, 同伴依然能够看出来 7 是第二张。因为你是不会从 Q1097 或类似的结构里首攻 7 的。假如庄家的结构再弱一点,就更容易读出同伴的首攻是第二大牌。同伴运用十一法则,发现他能看到太多比你首攻的牌更大的牌,于是就可以断定这不是长四。

现在,我要转向很多美国牌手(包括罗恩·加伯!)认为非常棘手的从三张小牌里首攻的问题。由于我公开表示过《合作式防守》是一本非常出色的书,希望凯特·沃尔西不会介意我引用该书的一段,我(以及其他很多人)认为他(至少是写这本书的时候)弄错了。

另一种比较受欢迎的出牌约定是从三张小牌中出中间的,通常被称作中大小(MUD)。这种约定叫的好处在于这门花色出第二轮时你可以出更大的或更小的。

一般来说,你可以打更大的,告诉同伴你还有第三张。但如果你想愚弄庄家(和同伴),让他以为你拿着双张,你可以在下一轮时打最小的。他引用的例子大概就是说明这一点的。这是他最后所说的:

但是,MUD 出法的缺点是非常巨大的。正如它这个名称缩写(MUD 有泥浆的意思)所表示的,如果首攻者的同伴在第二墩牌时没有采取清晰的行动,水就会被泥浆弄得相当浑浊。当你可能是从不同的结构,如 Q85、852 和 52 中打出同一张牌时,同伴一定会头疼死了。

人们说,有谎话,彻头彻尾的谎言和统计数字。意思是,统计学家挑出了可以得出他们想要的结果的样本来做统计。沃尔西就是这么做的。如果我只能举三个例子来说明这个问题,我要用的是 Q82、82 和 852,或者 Q52、85 和 852。MUD 的清澈度就会立即显现。你从 Q×2 中出 2，从 8×中出 8，从×5×中出 5：三种不同的结构有三种不同的出法。

简单的逻辑表明，一个可以利用所有牌张的出法要比你总是出最大的或最小的更为清楚。如果你总是出最大的或最小的，那就浪费了用中间牌张可以传达的信息。如果我还可以使用开车做类比，拒绝出中间牌张就像是把红绿灯的中间颜色取消掉。而全世界的交通信号灯都使用琥珀色(或者是黄色或橘黄色，无论你怎么称呼它)与红色和绿色一同使用，这种中间信息是很有用的。第三信号的存在，会使得其他两种信号更为清晰。

考虑一下，如果你知道同伴没拿着双张时也可能出一张较大的牌或打出大-小信号所制造的麻烦：

	◇K J 9 5	
◇8 2	N W E S	◇A Q 7 4
	◇10 6 3	

在花色定约中，西家首攻◇8，东家会希望能用◇Q 吃到，兑现◇A 然后给西家将吃一次。这样打可以消灭明手的一个赢张同时让西家用小将牌赢得一墩。但假设是南家拿着双张——如果打顶上无大牌的出法是很有可能的——你就非但没有消灭敌方的赢张，而且丧失了出牌权。

	◇K Q 9	
◇8 2	N W E S	◇J 10 7 4
	◇A 6 5 3	

作为东家，看到同伴首攻的◇8 之后，你肯定会保留全部方块以防止南家吃到第四墩方块。但如果你垫掉了其他花色里的赢墩却发现实际上西家和南家原本都拿着三张方块，你肯定是不会高兴的。

	◇K Q 9	
◇8 2	N W E S	◇A 10 7 4 3
	◇J 6 5	

这次,你不是非要给同伴将吃一次,但知道究竟是谁拿着双张依然很重要。假如明手和庄家都是三张方块,你也许就可以消极地防守,因为你知道不存在敌方的第三轮方块可以垫牌的问题。假如,事实表明是西家拿着三张,那庄家就真能垫牌了。如果你们约定的是顶上无大牌的首攻,你就会掉进很多类似的陷阱。你不能指望每次都会猜对。

如果到目前为止我还没有说服你,我估计需要考虑所有包括 Q、8、5 和 2 的两张和三张结构。然后我们就能衡量不同出法的清晰度了。

	顶上无大牌	中大小	出小
出 8	85 82 852	85 82	85 82
出 5	Q85 52	Q85 852 52	Q85 52
出 2	Q82 Q52	Q82 Q52	Q82 Q52 852

从这张表中可以看出,所有三种出法在出 5 究竟是表示 52 还是 Q85 的问题上都是模棱两可的。因此我们在比较哪种出法最清晰时忽略掉这一栏。顶上无大牌与中大小的出法在出 2 时的含义是相同的。而出 8 时顶上无大牌的出法就出现含糊了。此外,出了 8 之后,你在下一轮时只能出比 8 小的牌,所以你究竟是三张还是双张,同伴依然搞不清楚。这与中大小的出法来处理 852 这种结构的清晰度是不同的,因为拿着三张的你可以打出一张更大的牌来。如果你从三张小牌里出小,出 8 时没有问题,但出 2 时就有麻烦了。我认为,这是更糟糕的。由于不知道你

在这门花色上是否有牌力，同伴很有可能会在第二墩时出错牌，或者做出一个无效的回牌。

总的来说，无论你从852中出哪一张，都必须面对模棱两可的问题。但使用中大小的出法能降低含糊的程度，因为(a)所出的中间牌张比如5、6或7往往就表明了这是中大小的出法；(b) 在第二轮时你可出更大的牌以区分究竟是双张还是三张。事实上，那些不喜欢中大小出法的牌手根本就不喜欢从三张小里面出牌。对此，我深表同情。我通常也是宁愿从四张小牌中而不是三张小牌中做首攻，并且只有在叫牌进程已表明要消极首攻，或者我找不到有意义的首攻时才这样出牌。

我必须要加上一点补充，有一种情况采用顶上无大牌的出法效果很好。如果同伴叫了一门花色而你又加叫过，你不可能拿着双张。在这种情况下，你首攻最大的一张可以立刻让同伴清楚你在这门花色上没有大牌。

有些牌手间的约定更进一步，就是在同伴叫过的花色上换出第三张或者第五张。为什么会这样打呢？我们前面已经讨论过，从J××或类似的结构里出牌通常都是很差的。但如果是同伴叫过的花色，事情就不一样了。这种情况下，你经常要从J××，Q××或K××中出牌。如果你从三张牌里出最小的，从四张牌里出第三张，同伴会更容易看清楚你是三张还是四张。

无论你采用何种出牌方式，只要你认为能够帮助同伴，就可以临时变通。比如，你非常不希望同伴回出这门花色，从♠J87×里可以出8，因为你还拿着♡AQJ×。

对抗满贯时你可以把从A-K中出K当作标准出法，但其他的例外出法事先需要与同伴讨论。对抗五阶定约从A-K中出牌时，是否要出K肯定也是需要与同伴讨论的。如果你准备在同伴叫过的花色中改变出法，你们一定要讨论在什么情况下这些改变是适用的。例如，叫牌中的花色选择能算作是有支持么？如果你做过技术性加倍，这能算作是表示支持么？如果你在第三家位置上开叫了，但同伴应叫后你不叫了，这能算作是表示支持么？

第九章　错误的猜断

你是否注意到了，好的牌手如何总是猜得那么准？他们在那些看上去是 50:50 的猜断中猜对的次数远远超过了一半。我会给大家几个小贴士。

♠A J 8 7

?　　N W E S　　?

♠K 10 9 5 2

对于九张牌缺少 Q,西蒙给出的建议和克伯森是一样的。他说,如果你们两手牌都没有单张或者缺门,就应该打击落。如果任意一手牌有个单缺,就要进行飞牌。

65 年过去了,我们能在这一点上有所改进。如果敌方有牌力和配合却一直不叫牌或者叫牌很消极,就应该打击落。如果他们的牌力有限却叫牌积极,就按那个不像是拿着单张的人有 Q 来进行飞牌。现代的桥牌策略有着更为实用和更强的逻辑基础。敌方拿着牌型牌时的叫牌肯定会比拿着均型牌时更为积极。西蒙的建议是在前面的牌打完后按牌墩的顺序码放,后面的洗牌不够充分的前提下提出来的。当所有牌都是由计算机发的或者经过充分的洗牌后,他的策略就完全失去了理论基础。

♠K J 8 7

?　　N W E S　　?

♠A10 9 2

如果你们联手只有八张或更短的花色，双向都可以飞 Q，你会怎么打呢？如果你从叫牌中并没有获得什么有价值的线索，我建议你使用上面提到过的方法。事实上，我没有号称发明了这个方法——但斯台曼先生其实也并没发明斯台曼约定叫！

如果这个关键的飞牌在将牌中，按首攻的人持有这张 Q 来打。如果这是一张边花 Q，按另一个防家持有这张 Q 来打。你能看出这样做的道理么？什么时候会从将牌 Q××里做首攻？我猜想这种情况几乎没有吧。什么时候你会从几张小将牌里做首攻？我敢说，这更为常见。所以，当首攻不是将牌的时候，很有可能是因为首攻人自己拿着将牌 Q。而在边花上，则情况恰好相反，除非你知道敌方已经叫多了，需要做消极首攻。从一门 Q 领头的花色里攻牌似乎要比从一个弱套，或者从 K 或 J 领头的套里攻牌的吸引力大得多。因此如果首攻者选择了其他的花色做首攻，那就增大了另一个防家拿着 Q 的可能性。

如果你拿着 K-J，但同样没有其他信息时，以上建议也适用。假如猜测是在一门边花里，按首攻者有 A 来打。因为从边花的 Q×××中首攻要比从 A×××中首攻更具吸引力。一门只有 A 但没有 K 的边花很难是个好首攻。首攻者没有攻出某门花色往往意味着他很可能拿着 A。如果你缺少的是将牌的 AQ××，该怎么打就不是那么清楚了。几乎没有谁会从单张或 Q××的将牌中做首攻。

当然了，这些法则都是在叫牌或打牌过程中没有给你什么信息时才适用。在实战中，叫牌和打牌过程经常会给你信息的。

♠J 7 5

? N W E S ?

♠K 2

假如你上家在打牌的早期出这门花色，你应该倾向于出 K。从 Q 下出小对他来说是相当冒险的。在实际的分布中，这会送给你一个原本无法赢到一墩的机会。如果你拿着的是 K10×，这会让你吃到两墩而不仅仅是一墩。与此相反，假如上家在打牌的早期避开了出这门花色但在打牌的晚期出了，他只是已经别无选择，你就要放小。下家未能在首攻时攻这门花色，以及上家在打牌的早期没有换攻这门花色都是很有意义的线索。这样是在暗示你要把 Q 定位在你的右边，而把 A 定位在你的左边。

敌方的打牌同样也为下面的局势提供了强烈的线索：

♠Q 10 5

?　　　　?

♠A 2

假设你刚把出牌权投出去，迫使敌方先动这门花色。如果他们可以选择由谁赢得前面一墩，下家赢进后出小时，让明手出 10。如果下家拿着 K，上家就会赢进前面一墩而让你没有机会去做致胜的猜断。

要解决这类问题，就需要将自己置于敌方的处境中然后自问："如果是我拿着这张关键的牌，我会这样防守吗？"如果答案是肯定的，就按这个防家有这张关键牌来打。如果答案是否定的，就按另一个防家拿着这张关键牌来打。我刚刚开始写这本书时，出现了下面这个有趣的例子：

♠A 6 5 3
♡Q 4
◇J 8 6 5 2
♣10 9

♠K Q 10 9 7 2
♡A 7
◇A 9 4
♣A 3

敌方没有叫过牌，由你主打 4♠定约。西家首攻一张小草花给 9、Q 和 A。你清将后打出◇A 和另一张方块。东家用◇Q 赢进后出了张小草花。西家的♣J 吃进后出了张红心。你该怎样打？

假如东家刚才是从♣K 下出小，就能确定谁拿着♡K 了：东家。即使东家没有

♣K,你还是有个好主意。没有♡K 的东家太可能要换出一张小红心,而不是小草花了。因此,试图用明手的♡Q 赢进这一墩肯定是个愚蠢的想法。应该采用的打法是,用♡A 赢进红心并以红心脱手。你寄希望于西家拿着最后一张方块,◇K。这样,用♡K 吃进后,东家就不得不送你一个将吃垫牌。

实际的打牌过程中,又一个问题出现在桌上。庄家在第一墩从明手平静地跟出了小草花,但停顿了一下才用手里的 A 吃进。这不是正确的做法。因为他根本不可能拿着 AJ×或 AK×而考虑忍让,这就等于告诉了敌方他们还拿着 K-J。在从明手出牌之前就要想好明手和你手里牌张的出法。顺便提一句,吃进草花前犹豫的(以及后来扑上♡Q 的)可不是目无余子先生。他是个好牌手,他刚好正在这手有讲究的牌上大伤脑筋呢。

作为防家,你同样可以把自己置于敌方的环境中来进行思考。假如定约是 4♠,明手摊出了♣AKQ10×,而庄家先采取了在其他花色里丢失出牌权的打法,比如飞将牌。在这种情况下,你通常可以假设庄家不是单张草花,边花也不会有一、两个快速输张。否则,他就可能要先垫牌了。庄家的输张像是不能够快速垫掉的——或者他在明手的草花套里也有长度。

另一个例子,定约还是 4♠,明手摊出了♡K×。庄家马上开始清光了你和明手的将牌。你认为他手里的红心是什么样的?很可能是双张:Q×、A×甚至是双张小。如果他拿着三张,则很可能是 QJ×或者 AQ×。他不可能拿着 A××或是 A×××,不然的话他就会让明手将吃红心了。明白这一点后对你有何帮助呢?首先,至少在你能看到♡Q 时就可以帮助你计算庄家的牌。其次,这往往意味着你可以安全地垫掉红心。

再回到庄家的打牌上吧。牌手们有时会忽视了相关的因素,或者,过分关注那些毫不相干的因素。请考虑这门花色:

♠10 9 5 4 3

N W E S

♠A K

你兑现♠A-K,两个防家都跟出小牌。假设明手有两个进张而你可能让这些进张有其他用途,比如需要做两次飞牌。你要算出黑桃 3-3 分布的可能性,并且要决定这会不会大于 50 对 50 的飞牌机会。原本 3-3 分布的可能性是 36%,4-2 分布的可能性是 48%。如果你从叫牌和打牌里得不到任何额外的信息(这当然是很罕见的),你能相信此时这门花色 3-3 分布的可能性比 4-2 分布的可能性要略大一点吗?

由于两个防家都跟出了两张小牌，你可以排除任何一种♠J×或者♠Q×了。同时必须排除任何人拿着 QJ×。很清楚,你同样能排除所有的 5-1 和 6-0 分布。还剩下什么可能的分布呢？西家可能拿着♠Q××、♠J××、♠QJ××或者♠××。这些情况当中,黑桃 3-3 分布的机会是一半。其余的一半,黑桃为 4-2 分布。4-2 分布的可能性原本较大是因为它们有更多的结构——可是，现在其中的大多数情况已经被排除了。由于每个三张结构比每个两张或四张结构的可能性稍大,3-3 黑桃分布现在就比 50 对 50 的机会好一点了。

当然，我假定你的敌手们都知道要发生什么，因而不会给出黑桃中的张数信号。有些牌手会在不适当的时候打出信号。这样的话,你最好在兑现♠A 之前先兑现♠K,并注意他们所打出的牌张号码。先出♠K,你也许就能得到没有♠Q 的防家,因为搞不清楚你是从♠K-Q 还是♠A-K 中出的♠K 而给出的张数信号。

上面这个例子里，你能够利用敌方都跟小的信息是因为他们在此处别无选择。他们只能跟小,让你去做猜断。但在利用敌手们主动发出的信息时要更为谨慎。

♠A 6 5
♡J 4
◇A 6 5
♣K 10 9 6 4

N W E S

♠9 7 2
♡A K 7
◇J 9
♣A J 8 5 3

假设你是南家开叫了弱 1NT,北家为你加叫到局。

西家首攻♡3;你从明手出♡J,东家盖上♡Q。你忍让了一墩,然后用♡A 吃进东家了回出的♡9,西家跟出♡2。

你需要五墩草花才能完成定约，所以你必须判断准确要先兑现♣A 或♣K 中的哪一张以防草花是 3-0 分布。

除非对手是深藏不露的高手,你从前面出过的两墩牌里已经知道西家有五张红心,东家有三张。这是否意味着西家比东家更有可能是草花缺门么?

答案是"未必"。西家持有比东家更多的红心是个有缺陷的信息。对抗 3NT 时你觉得西家应该首攻什么呢?肯定是他最长的花色。如果他就是这样做的,他的举动完全在你意料之中。从对手意料之中的打法里,你并不能得到更多有用的信息。

假如北家是发牌人，叫牌进程可能还是 1NT-3NT，但现在变成是由东家首攻了。毫无疑问,东家会首攻一张黑桃或者方块。如果打牌进程也类似,同伴就会认为东家在首攻花色里有五张牌。你希望同伴利用这个已知的花色分布情况来断定东家更有可能是草花缺门么? 所以如果总是认为首攻人更有可能拿着缺门,这种想法肯定不是正确的!

打牌从♡Q 吃到第一墩又回出了一墩红心开始,我会先放掉一墩黑桃,以探查黑桃是否会是畸形分布。假定黑桃中没有什么特别的事情发生,我可能会倾向于打出♣A。既然西家的红心套质量很差,如果他有两个五张套的话就很可能会首攻另一套。因此你稍作推理便可断定他只有一个五张套。在这种情况下,他仅在是 4-5-4-0 牌型时草花才会是缺门。

现在再来设想一下西家首攻的是♡2。在这种情况下,你就会颇有信心地打出♣A。只要西家不是放弃了一个五张以上的花色套而首攻四张的红心,你就能断定西家的草花不是缺门。

如果你有兴趣更多地了解这个问题,我建议你去看看《官方桥牌百科全书》中有关蒙提霍尔陷阱的文章。

我的一位朋友，我姑且称他为阿尔文（不是他的真名），与我就《精打桥牌（Back through the Pack）》中的下面这副牌做了一次有趣的讨论：

♠6
♡A Q J 4
◇A Q 9 4
♣A K 4 2

N W E S

♠A K J
♡K 10 9 8 5
◇—
♣J 8 6 5 3

东家开叫 3◇后由南家主打 7♡。西家首攻一张将牌，东家跟了。你让明手赢进第一墩，然后手里将吃一墩方块。用将牌进到明手，两个防家都跟了，你又将吃一墩方块。再用♣A 进到明手后将吃第三轮方块，在这墩牌上西家垫了一张黑桃。

此后，你用♣K 进到明手，东家垫掉一张方块，兑现了明手所有的赢张。你垫了三张草花西家垫了三张黑桃，剩下这个残局：

♠6
♡—
◇—
♣4 2

N W E S

♠A K J
♡—
◇—
♣—

你现在完全可以算清楚敌方的牌型了。西家跟出了两轮方块并在第三轮方块时示缺了。东家只跟出了一轮草花，在第二轮草花时示缺了。两个防家都跟出了两轮将牌。因此，西家的牌型是 6-2-2-3，而东家是 3-2-7-1。你同样知道，只要猜断正确，你能打成这个大满贯。如果是西家拿着♠Q，它会被击落；如果是东家拿着♠Q，你可以进行飞牌。

我认为西家拿着这张♠Q 的机会要比东家大一倍，因为他有六张黑桃而东家只有三张。在此书出版前,每个看到过书稿的人都能接受我的这个说法。但阿尔文认为我错了。他说,现在西家只剩两张黑桃而东家有三张,因而东家实际上拿着♠Q 的比例是 3:2。他进一步争辩说, 将西家已经打出的黑桃考虑进去,在剩余黑桃的十种结构中也支持他的计算。西家拿着♠Q 的结构只有四种,而东家拿着♠Q 的有六种,符合他提出的 60:40 的概率。

为方便讨论,我们假设西家打出的是 3、5、7 和 9(按随意的顺序);在这种情况下,一共有十种结构:

Q109753	1098753
Q98753	1097543
Q97543	1097532
Q97532	987543
	987532
	975432

左边有四种结构,右边有六种,但原本 2:1 的比例却是正确的,这是为什么呢?因为这些结构的出现机会并不完全一样。虽然西家有可能会随意地打出他的小牌,但他的总体策略并不随意。如果他拿着♠Q,他肯定不会把它打出来。假设西家是随意打出其他黑桃的,他用左边的每种特定结构都各有五种打法,而右边的各有十五种打法。那么,以他现在采用的打法来说,左边的每种特定结构的可能性是右边的三倍。所以,最终比例不是 4:6 而是 12:6——与初始的比例一样。

你也可以通过逻辑而不是数学的方法得出同样的答案。无论西家的黑桃是否有 Q,他都可以毫不费劲地垫掉四张黑桃。因为他别无选择,只能垫黑桃,他所做的正是你预料之中的:垫掉四个黑桃输张。既然他只不过是做了你预计他会做的,你就无法从他的黑桃垫牌中获取到什么有用的信息。因此,你只能期待原本的概率是成立的。

第十章　给出错误信号

同伴攻出了一门花色，而你并不需要用大牌赢进这一墩，或者逼迫庄家出大牌时,你一般会怎样出牌？如果你想要同伴继续出这门花色,就打张较大的牌,否则就出最小的那张。现在看来,只要你使用标准信号而不是反式姿态信号,这种打法没什么问题。

你是否用过较大的牌来表示是偶数张呢？假如没有,那你就给出过太多错误信号了。看看这个局势：

♡Q J 7

N W E S　　♡9 6 4 3

假设你方叫过并加叫过红心,同伴首攻♡A(或者按你们的方式从 A-K 中出牌)。在这种情况下,很明显你对这门花色不感兴趣。同伴迫切想知道你拿着四张还是三张红心(也许还可能是五张),因为这关系到第二墩能否拿得到。

下面这个局势也类似：

♡J 9 7

N W E S　　♡8 6 4 3

同伴首攻♡K。当庄家拿着♡A 时,99%的情况下他会用♡A 吃进这张♡K,为了跟出花色(他的♡A 是单张)或者要确保明手的♡J 成为第二个赢墩。你对这门花色不感兴趣马上就是明摆着的事情了。知道庄家有几张红心对同伴更有帮助。假如庄家只有一张红心，♡J 就不是一个赢张，但♡Q 也不是。如果庄家有两张，♡Q 是一个赢张，而♡J 也能为庄家垫一张牌。

在以上两个局势中，给出你的长度信号是有益的。从四张中要打第二大的，从三张或五张中出最小的。

	♡J 10 4	
♡A Q 7 6 5	N W E S	♡8 3
	♡K 9 2	

这是另一个需要张数信号的局势。南家主打 **3NT**，西家首攻♡**6**。因为你无法盖打明手的♡**J**，自动标明了大牌的位置，你要打出♡**8** 来表示你是双张。这就告诉同伴，南家的♡**K** 不会被♡**A** 击落，因此更好的防守打法是找到你的进手，让你来出这门花色。如果你有三张，就要出最小的那张，这样同伴就会根据这个张数信号来进行正确防守。

你坐在牌桌上时是否会有这样的担心，我怎么能够用同一张牌来表达两种不同的信息呢？(比如出张大牌有时是表示鼓励，有时是表示偶数张)我觉得你多虑了，我来证实这种打法的可能性。

我想你一定开车吧。你是否用闪光转向灯来告诉其他的道路使用者你要向左转弯或者向右转弯？我认为你一定会这么做的。那么，你是否还用转向灯来表示你准备变换车道、贴靠路边或从路边进入车道、超车或者绕过一个障碍物？我相信你一定也会这么做的，不然的话，不管你在哪里居住，你都可能违反交通法规了。如果你和其他的道路使用者能够接受转向灯所发出的多种含义，毫无疑问你和同伴在牌桌上也应该能够接受同一张牌可以用来表达不同的信息。你并没有让生命和保险金蒙受损失——无非只是一些小小的变动或一点点比赛分而已。

在决定应该打出姿态信号还是张数信号时，你需要问问你自己一个简单的问题。这个问题就是："如果我不给出任何信号，同伴会知道我是否欢迎他继续出这门花色么？”如果答案是否定的，给出态度信号。如果答案是肯定的，那就给出张数信号。

别以为我所举的两个例子是无关紧要的。无论叫牌进程如何，几乎所有的好牌手都会把它们当作要求打张数信号的局势。同伴通常可以判断出你是四张还是两张。在缺乏信号或信号有误的情况下，同伴很难区分你究竟是三张还是四张。

事实上，以上我们所讨论过的还不是所有问题的解决方案。有时，明手的牌表明，姿态信号或者张数信号都帮不上同伴的忙。典型的局势就是，敌方打一个花色定约，而明手在首攻花色上是单张。在这种情况下，同伴无疑会换攻一门其他花色。因此，你要像在给同伴将吃时所做的那样，给出花色选择信号：用一张大牌要求同伴出剩余两门花色中级别较高的，用一张小牌要求同伴出级别较低的。这种局势下需要使用同样信号的理由是同伴不打算继续出现在的这门花色。很明显，他不能再出了。另外，他也能看出来继续出这门花色毫无意义。顺便说一句，如果你不想让同伴换攻，你要打出中间的牌张。

与张数信号一样，大多数牌手也很少会给出花色选择信号。给出花色选择信号的时机是，姿态及张数都显然是无关紧要的时候。花色选择信号常常用在(或者说应该用在)任意花色的第二轮，在你已经给出你的主要信号之后。

	♡Q J 10 4	
♡7 5 2	W N E S	♡A 8 6 3
	♡K 9	

当南家在第一轮打出♡K 的时候，作为西家的你跟♡2 表示是单数张。在第二轮时，你不能改变第一轮出♡2 所表示的信息。你能做什么呢？你能选择打出的牌张。你可以打出较大的牌来要求同伴出级别较高的花色，或出较小的牌来要求同伴换攻级别较低的花色。

	♡10 9 4	
♡A K J 5 2	W N E S	♡8 6 3
	♡Q 7	

西家打出一张红心大牌。作为东家的你在第一轮时跟♡3 表示不欢迎。不为所动的西家又兑现了第二张红心大牌。同样,你能选择牌张来表达花色选择。

张数信号和花色选择信号也能用在垫牌上。

♣K Q J 10 4

♣A 7 5　　　　♣8 6 3 2

♣9

两个防家都能看到明手的♣KQJ104。告诉同伴是否要转攻草花毫无意义。几乎可以肯定的是,庄家无论如何都要做出这门花色的赢墩。但同伴肯定特别想知道你拿着几张草花,因为这会影响到他做出是否要用♣A 吃进第一轮的决定。作为东家的你如果有机会垫掉一张草花的话,垫一张大的表示你是偶数张,而垫一张小的则表示是奇数张。

花色选择信号是怎样运用于垫牌当中呢?标准的形势就是同伴已经知道你在这门花色上的实际牌张,因为庄家已示缺。这种情况下表达姿态或者张数都已经毫无意义。因此,在这门花色上垫出来的牌肯定是花色选择信号。

♡J 9 4

♡K 10 7 5 2　　　　♡A Q 8 6 3

♡—

西家首攻♡5,南家将吃了东家的♡A,两个防家现在都可以用红心作为花色选择信号。西家的♡2 或者东家的♡3 都是要求级别较低的花色。西家的♡10 或者东家的♡8 都是要求级别较高的花色。而♡7 和♡6 是中性的。

在有限的篇幅内,我根本不可能详尽地介绍形形色色的防守信号。如果读者想了解更多,我建议你去找一本《桥牌防守信号简易指南》。通常我不愿意推荐我自己的书。但这次是个例外。首先,我想不出与这个主题有关的经典著作。其次,一位著名的作家和书籍评论家说过,他认为这是我所写过的最好的教科书。

第十一章　疏于计算

当你刚开始打桥牌的时候，可能就要学着计算两件事情：打花色定约时的输墩和做无将定约时的赢墩。也许你会觉得这真够费脑子的。事实上，如果你想开发自己的潜能来做个桥牌选手，这只是冰山一角而已。首先，你需要计算赢墩和输墩。

在一个花色定约中，有时候你可以通过打牌技巧消灭很多输墩并获得足够的赢墩来完成定约。在无将定约中，你通常要计算一下如果敌方得到出牌权他们能拿到多少赢墩。假设明手有♣KQJ，你自己手里是三张小草花。很显然，只要把♣A 顶出来你就会有两个草花赢墩。你可能很想出这门花色。但计算结果可能会阻止你这么做。假如你已经算清楚一旦防家拿到出牌权，他们就会有足够的赢墩来击败你的定约，那么你就要另寻完成定约的途径。这种理念肯定适用于四人队式赛或盘式桥牌比赛，如果其他花色有潜力提供足够的赢墩来完成定约的话。

你现在要学学什么是赢墩计算。你既要计算己方的赢墩，也要计算敌方的赢墩。但这只不过是十三以内的加减法，对任何人来说都不会有什么问题吧？

还有什么你需要计算的呢？你还要计算牌型。大家肯定都会将牌计算。在花色定约中，你往往想要清光敌方的将牌。一个方法是不停地出大将牌，直到两个防家都示缺。显而易见，这种方法并不是最有效的。你往往没有那么富裕的将牌可以如此浪费。通常情况下，你只要出够将牌的轮数就可以了。最简单的办法是什么呢？大多数牌手会根据自己联手的将牌结构来考虑可能的分布。假设你拿着 AKJ××对着 Q××。在常见的 3-2 分布时，三轮就能清光外面的将牌。在不那么常见的 4-1 分布时，你需要出四轮。遇到罕见的 5-0 分布时，你不会想着要把将牌全部出完。你会把敌方的将牌 10 作为一个赢张留在外面。

你怎样才能知道将牌分布是 3-2、4-1 还是 5-0 呢？很简单。如果所有人都跟出了两轮，必然是 3-2 的。如果有人在第二轮时示缺，就是 4-1。而如果有人在第一轮就示缺，那肯定就是 5-0 分布了。你只要注意防家是否跟出就行了。你会发现这样可比盯住每一张打出的将牌轻松多了。可惜的是，古根海姆太太错过了如何计算这一课！

学会了将牌计算，也就学会了边花计算。假设你拿着一门花色的 AK×××对着双张小，最有可能的分布是 4-2 或 3-3。如果你打出 A、K 和第三轮，没有人示缺，你就知道是 3-3 分布的。如果所有人都跟出了两轮，但有人在第三轮时示缺了，你就知道这门花色是 4-2 分布的。在这种情况下，这门花色还没做好，还需要有两个进张——一个用来树立长墩，一个用来兑现赢墩。这样，我们就又多了一个计算任务——进张计算。幸运的是，不需要很大的数字来计算进张。通常二、三或者也许四就够用了。

你能看出来另一个要计算牌型的理由么？假设你的草花套是 AJ×对着明手的 K10×。如果你知道你左边的防家拿着六张草花，就可以兑现 A 后用明手的 10 满怀信心地飞过去。但草花从来还没出过的话，你怎么知道下家有六张呢？这就需要计算其他三门花色。假如下家已表明有双张红心、双张黑桃和三张方块(或者任何加起来总数等于七的组合)，你就能算出他有六张草花。你知道他原本拿着十三张牌，如果有七张不是草花，那其余六张就都是草花。实战中，你很少能探查出 6-1 分布。那么计算还有用么？当然有用。如果你发现上家手里拿着非草花套的牌张比下家多，在其他同等条件下，下家依然更有可能拿着这张草花 Q。

你能发现另一种可以帮助解决 AJ×对着 K10×难题的计算方法么？某个防家可能叫过牌，甚至可能有防家开叫过。如果你数数大牌点，你就有可能找到 Q 的藏身之处。即使敌方保持沉默，这本身也会提供线索。如果上家作为发牌人没有开叫，已经出过一门花色中的 A-K 和另一门花色的 K，你就能断定这张重要的 Q在左边。因为如果上家有这张 Q，他肯定就会开叫了。

我们来看一些实战中庄家疏于计算的例子：

北：♠A K 6 3　♡J 7 2　◇A Q 9　♣Q 8 6

西：♠8 4　♡A 3　◇10 8 7 6 3 2　♣7 5 2

东：♠10 9 5　♡K Q 9 5 4　◇K　♣A K 10 3

南：♠Q J 7 2　♡10 8 6　◇J 5 4　♣J 9 4

西	北	东	南
		1♡	不叫
不叫	加倍	2♣	不叫
2♡	不叫	不叫	2♠
全不叫			

西家首攻♡A 后换攻一张小方块。庄家让明手出小，东家单张◇K 吃到。东家兑现了两轮大草花后又转出红心。西家在第三轮红心上垫掉一张草花，防家通过低花中的交叉将吃又拿到了后面的两墩牌。定约最终宕三。

你能看出庄家错在什么地方吗？4 加 3 等于几？谁都知道等于 7。同伴开叫后，你见过拿着 7 点牌不做应叫的吗？不管打什么叫牌体系，这都不太可能。西家拿着♡A 就不可能再有◇K 了。所以庄家应该扑上明手的◇A，从而完成定约。

这手牌出现在一次四人队式赛中。而下面的两个例子都来自慈善双人赛。一个是全英国范围的比赛，另一个则是地方性的小比赛。

	♠A 10 3 ♡9 5 ◇9 6 5 4 2 ♣10 9 8	
♠K 8 6 4 2 ♡10 4 ◇Q 7 ♣J 7 5 3	N W E S	♠J 9 5 ♡J 8 7 6 2 ◇K 10 8 ♣Q 6
	♠Q 7 ♡A K Q 3 ◇A J 3 ♣A K 4 2	

西	北	东	南
			2♣
不叫	2◇	不叫	2NT
不叫	3NT	全不叫	

西家首攻♠4 给 3、9 和 Q。很多南家都连出草花的 A、K 和小。当这门花色是常见的 4-2 分布时,他们都只能拿到八墩牌。我赞赏他们都能算出来做出草花额外赢墩的机会比方块更好,但我无法原谅他们疏于计算。

他们忘记计算什么了？五减去二等于几？简单:等于三。看出这之间的关联了吗？如果西家有五张黑桃,而你现在肯定能拿到两墩,这样西家最多只能取到三墩黑桃。只要♠4 是长四,你就知道西家的黑桃最多只有五张,因为你可以看到♠3 在明手。

一旦你知道可以用♠A 作为进张,从明手出牌做草花套,情况就改观了。只要草花是 3-3 分布或者东家拿着♣Q 和♣J,你就一定能在草花上拿到三墩。这在东家拿着♣Q×或者♣J×时你也能成功。如果他盖打明手的牌,你就吃进后出张小。如果他不盖打,就让 10 飞过去。西家吃进后,东家的♣Q 或者♣J 将在第二轮草花时被击落,这样明手的♣9 就可以赢得第三轮。

北：
♠K J
♡Q 9 2
◇K J 7 2
♣Q 7 6 2

西：
♠9 8 7 6 3
♡10 8 7 5 4 3
◇Q
♣A

东：
♠10 5 4 2
♡6
◇10 8 6 3
♣10 9 8 3

南：
♠A Q
♡A K J
◇A 9 5 4
♣K J 5 4

西	北	东	南
			2NT
不叫	**4NT**	不叫	**6NT**
全不叫			

这手牌出现时，大多数西家都是首攻♠9。南家有两门棘手的花色要处理：两门低花。在草花上，庄家需要嗅出哪一个防家更可能拿着单张A。而方块也要求庄家仔细处理，但并不用猜断。因为如果东家拿着单张方块，西家就必定有个方块赢墩。所以正确的打法是先处理方块而不是草花。

假设大多数南家都正确地用暗手吃进黑桃首攻，然后打出一张小方块。西家的◇Q一露头，他们就用◇K吃进，兑现◇J并在第三轮方块时进行已标明的飞牌。

有相当多的庄家在方块套吃通之后，笑得太早了。他们会认为，“既然西家方块很短，东家就很可能草花比较短。”于是他们用一张红心过到明手，出了张草花给K。但最终他们不得交给东家一墩草花。

他们在什么地方打错了呢？兑现◇A之前，他们应该先打掉♡A，然后再打张红心给♡Q。当东家示缺时，他们就能算出红心的分布情况。这样，用◇A回手，朝着明手出一张小草花的打法就很明确了。

到目前为止，我们只谈到了庄家的打法。计算对于防家而言无疑也是非常重要的。在经典的《桥牌防守杀招》中,凯尔西说,“除非两个防家都能有意识地努力计算,否则就别想始终保持滴水不漏的防守。”他甚至向那些讨厌计算的读者建议,应该小跑着回去找卖书的,要求退款。

作为防家,你无法看到己方全部的大牌所在,你只能在脑海里构建一幅牌张分布的画面。但如果不做计算,你就无法达成这一目标。由于庄家至少要叫一次牌,计算大牌点对于防家而言就比庄家更为有用。只要明手一摊出牌来,你就将自己手里的大牌点,加上明手的大牌点,再加上庄家所表示的大牌点,这样就可以大致算出同伴的牌力。庄家常常会以某种形式限定出他的牌力。即使他没有限定,你往往需要假设他是低限牌或接近低限的牌,这样你们才有机会击败这个定约。

叫牌同样可以帮助你计算庄家的牌型。他所做的叫品,他没能叫出的花色,或未能对其同伴加叫都会给出重要的信息。通常来说,叫牌进程越长,你获得的信息就越多。假设敌方叫牌是 1♡-1♠-2♣-2♡-2NT-3NT,你对庄家的牌就会知道很多。认定他是 1-5-3-4 的牌型和有大约 17 个大牌点是比较靠谱的。他不太可能有六张红心,否则他就要打红心定约了。他的黑桃不会有什么张数,因为他叫了两门花色并表示在第三个花色上有止张。他的牌力不会比 17 点低多少,不然的话他可以在 2♡后不叫。但他也不像有更多的牌力,否则他在 1♠后的再叫会是 2NT 或者 3♣。

在任何定约中,一旦你算清庄家的牌力和牌型,你就开始计算他的赢墩。你能看出来庄家的哪些飞牌是可以成功的以及哪门花色是良好分布的。你也能看得到明手的牌力。你把所有这些一并考虑就能计算出庄家的赢墩。如果你的计算结果表明庄家有他所需要的赢墩数,你就必须找出对策。你需要快速地兑现或建立赢墩;也许你能将吃掉他的某一个赢墩。相反,如果你的计算结果表明庄家缺乏赢墩,你就要消极防守。你要避免领出新花,静等庄家耗尽其牌力。

	♠J 8 4 ♡10 7 ◇A 7 3 ♣K Q 10 7 2	
♠A 6 ♡A 9 6 ◇Q 8 6 4 ♣6 5 4 3	N W E S	♠K Q 7 5 3 ♡8 5 3 2 ◇10 9 5 ♣9
	♠10 9 2 ♡K Q J 4 ◇K J 2 ♣A J 8	

西	北	东	南
			1NT(15~17)
不叫	3NT	全不叫	

西家首攻◇4给9和J。第二墩时,庄家打出♡4。

一半的西家会跟小。♡10吃进后,庄家卷走了五墩草花和两墩方块,再加上他已经吃到的两墩牌,定约打成了。你不会犯同样的错误,对吧?

你应该已经算过庄家的赢墩了。如果他拿着♣A,他就有五墩草花。同伴第一墩在方块的打法让你知道了方块的分布情况,庄家有三墩方块。如果他在低花中有八墩牌,你必须阻止他在高花中拿到赢墩。这样你就需要同伴持有♠K和♠Q。并且你必须阻止♡10吃到一墩。当庄家从手里向外打红心时,警钟就敲响了。如果他手里拿着间张的话,他是不会这样打的。计算也证实了这个局势。你和明手一共有20个大牌点。因为庄家保证至少有15个大牌点,同伴最多拿着5个大牌点。既然除非东家拿着♠KQ,否则防守方没有任何前景可言,那就必须按他拿着这两张牌来进行防守。如果东家拿着♠KQ,他就不可能有别的大牌了,这意味着你要扑上♡A并转攻♠A。

	♠K Q 8 7 ♡10 9 7 ◇K 6 2 ♣J 8 6	
♠J 4 ♡Q 8 6 4 ◇Q J 10 8 ♣A 10 3	N W E S	♠9 2 ♡2 ◇A 9 7 4 3 ♣K 7 5 4 2
	♠A 10 6 5 3 ♡A K J 5 3 ◇5 ♣Q 9	

西	北	东	南
			1♠
不叫	**2♠**	不叫	**3♡**
不叫	**4♠**	全不叫	

西家首攻◇**Q** 并继续出这门花色。庄家将吃了第二轮后用♠**A** 和♠**K** 清将牌，大家都跟出了。然后出♡**10** 给 **2**、**3** 和 **Q**。

一般的西家都会继续出第三轮方块。他们觉得这样出是安全的，不愿意冒险先动草花套。从整手牌中你可以看到为什么这样打会造成损失。庄家用红心垫掉了明手的两张草花并将吃了一墩草花。

西家犯了疏于计算的错误。如果东家拿着双张红心就会先出大的，♡**2** 就应该被读作单张。这样，庄家就有五张红心。从叫牌看他不可能拿着的是三张红心。即使他真拿着三张，防守也不会就此结束。在♣**A** 下，东家可以出小，表示对草花没有兴趣，西家再改出方块。在实例中，东家用♣**7** 来鼓励出草花，西家继续出。西家怎样知道兑现♣**A** 是安全的呢？南家不可能拿着♣**K××**；这样他就变成十二或者十四张牌了。（已知南家在方块和黑桃花色里很明确地拿着六张牌，有五张或三张红心。因此他不可能拿着三张草花。）

♠J 6 4
♡J 10 9 5
◇A 7 6
♣K Q 10

♠Q 7 3
♡Q
◇K Q J 3
♣A J 8 7 2

♠9 8 5
♡K 8
◇8 4 2
♣9 6 5 4 3

♠A K 10 2
♡A 7 6 4 3 2
◇10 9 5
♣—

西	北	东	南
			1♡
加倍	**2NT**	不叫	**4♡**
全不叫			

北家的 **2NT** 表示限制性加叫或更好。

西家首攻◇**K**,**6**、**2** 和 **9** 依次跟出,又继续出◇**J**。庄家在明手吃进第二轮方块,打♡**J** 飞给西家的♡**Q**。

普通的西家会做一些计算,但还是不够的。他把♡**Q** 计算为一墩,◇**KQ** 又是两墩,♣**A** 就是宕墩。他兑现了第三轮方块就打出♣**A**,被庄家将吃,他认为太不幸了。

你能打出更好的防守吗?庄家最多只有六张红心和三张方块。这样,他就只有四张黑牌。因此,西家以一张小草花脱手是非常安全的。要么南家有两张草花,♣**A** 此后还是能吃到一墩;要么他有三张黑桃,♠**Q** 负责吃到宕墩。数一下大牌点,也可看出庄家草花为缺门的征兆。如果打出的♡**J** 是为了飞牌,东家一定持有♡**K**。这样,南家就剩下 **11** 大牌点了。他需要好的牌型才能用低限牌叫 **4**♡——北家仅仅是在邀叫。

♠A 10 9 7
♡K 6 3
◇7 4
♣K 10 8 4

西		东
♠8 5 2		♠K 6 3
♡J 10 9 5		♡8 7 2
◇A Q 10 6		◇J 9 3
♣J 7		♣9 6 3 2

♠Q J 4
♡A Q 4
◇K 8 5 2
♣A Q 5

西	北	东	南
			1◇
不叫	1♠	不叫	2NT(18~19)
不叫	3NT	全不叫	

四人队式比赛中，两桌的叫牌和打出的前两墩牌都是相同的。西家首攻♡J，被♡Q吃到了。庄家用♠Q飞，被东家赢进。此后打牌的过程就不一样了。第一位东家回出了一张红心。第二位东家打出了◇3。两桌的3NT都打成了。

第一位东家应该计算庄家的赢墩和大牌点。即使西家拿着♡AJ10××和另一张A——从叫牌过程看不太可能，他没能在1◇后争叫1♡，且这样庄家就只有17个大牌点了——庄家很可能至少有九墩牌了。如果西家拿着◇A，庄家有三墩黑桃、两墩红心和四墩草花；或者，如果西家拿着♣A，那庄家就有三墩黑桃、两墩红心和五墩方块。

第二位东家打得稍好但并没有计算防守赢墩。要想得到五墩，防家必须要取得四个方块赢墩。这表示要转攻◇9。如果◇9吃到了，东家可以继续出◇J，继续对南家的◇K形成飞牌。这个打法在西家持◇AK10×和◇AQ10×时均可奏效。

	♠J 10 8 5 2 ♡A Q ◇A Q 10 ♣J 9 2	
♠A 7 ♡J 8 5 ◇J 9 8 6 5 3 ♣10 5	N W E S	♠K Q 6 ♡4 ◇7 4 ♣A Q 8 7 6 4 3
	♠9 4 3 ♡K 10 9 7 6 3 2 ◇K 2 ♣K	

西	北	东	南
		1♣	3♡

全不叫

西家首攻♣10，♣K 在♣A 下跌出。由于庄家并不知道草花中的不均匀分布，东家可以读出这张♣K 是真牌。在这种情况下，如果方块需要飞牌，实际的牌张分布也对庄家有利，这样防家在低花上再无其他赢墩，也就是说他们在高花中需要拿到四墩牌才能打宕定约。这表明，南家得有三个黑桃输张。除此之外，西家还要取得一墩将牌，无论是靠将牌中的大牌还是通过将牌升级。通过对防守赢墩的简单计算，东家于是知道了该做什么：回出♠6。

西家用♠A 吃进后继续出黑桃。东家吃到了♠K 和♠Q，西家垫掉自己的最后一张草花。这时候东家打出第二轮草花就能提升西家的♡J。如果庄家用♡10 将吃，西家可以超将吃。如果庄家选择用♡K 将吃，♡J 在此后就能拿到一墩。

一个疏于计算的防家是打不宕这些定约的。每个例子中，致胜的打法与常规的打法都不同。在桥牌书上大家也许都能打对，因为谁都知道要去挖掘成功的机会。而在牌桌上，靠运气碰巧找到正确打法的机会并不大。但牌桌才是你必须要打对的地方。

在最后一个例子中，你必须要找到正确的垫牌。

♠K Q J 10 9 4
♡10 6
◇A 10 3
♣Q 2

♠—
♡Q J 5 2
◇J 9 8 7 6
♣8 7 5 4

♠6 5 2
♡9 4 3
◇Q 5
♣J 10 9 6 3

♠A 8 7 3
♡A K 8 7
◇K 4 2
♣A K

西	北	东	南
			2NT
不叫	4♣[1]	不叫	4NT
不叫	5♣[1]	不叫	5NT
不叫	7NT	全不叫	

1. 戈伯问叫。

西家首攻♡Q，庄家用♡K吃进。然后庄家连出六轮黑桃。防家应该怎样垫牌呢？

南家已表明有三个A和三个K。看来这就给了他十三墩牌：六墩黑桃、两墩红心、两墩方块和三墩草花。但庄家并没有摊牌，东、西两家就都需要进行计算。他们必须推断出♣AK是双张。这就告诉了东家，他可以安全地垫掉三张草花。事实上，除了草花，他什么也不能垫。如果他垫掉一张红心，西家就要被紧逼了。如果他垫掉一张方块，第二轮方块时庄家就可以用◇10飞过。

那么西家可以垫什么呢？这可真有些难度了。他可以先垫掉三张草花、两张方块和一张红心。但此后西家在第二轮草花上还要再垫一张牌。如果南家的牌型是4-5-2-2，他就要保留红心。在实际的牌张分布下，他需要保留方块。西家要如何决定呢？他必须信任东家手里不会留着两个红心输张，所以他就可以放弃红心。无论怎么说，如果南家真是拿着4-5-2-2的牌开叫2NT，那他也太厉害了点。

第十二章 跨越障碍打桥牌

到本章之前,这本书讲述的都是怎样打好桥牌。现在我们来讨论一些往往被忽视了的问题,这就是何时、何地以及和谁打牌。

关于时间的问题,我们先从完全个人化的某些方面开始。经历了办公室内漫长而累人的一天后你还能打出最精彩的桥牌吗?如果不能,你是否应该把牌局安排在工作不那么繁重的日子里?如果你有足够的权势,你可以把最劳神的工作安排在不打牌的日子里。更有可能的是,你不得不反过来做安排,桥牌要给工作让路。有些人喜欢在星期一打牌,因为刚过完周末他们仍感觉身心愉快。而有些人宁愿在星期五打牌,因为他们不必担心第二天起来后还要去工作。这是个桥牌与工作孰轻孰重的问题!如果你已经退休了,你可能会觉得下午比晚上更适合打牌。你可期待下午打牌的水准稍差些(这并非坏事,因为如果你喜欢赢,这可是难得的机会!),而且大多数打牌者的年龄都相差无几。

要打高水平的比赛,你往往只能在周末打了。在周末打牌你无须考虑工作与桥牌的矛盾,但家庭与桥牌的麻烦又来了。即使你的家务劳动有限,周末你可能也还有别的事情要做。如果你早就腻味了泛光灯照射的高尔夫练习场,到了周末你也许更愿意到真正的高尔夫球场去挥杆。无论你何时打牌,都应该是你身心最放松的时候。假如你打牌的时候还要担心老板、配偶或者渴望室外诱人的阳光,你是不可能在最好状态下进行比赛的。我认识的一些人就在夏天放弃桥牌而去追求体育或其他户外活动。毕竟,桥牌只是个游戏而已。如果你想置身牌室之外,谁也不能强迫你来打牌。

这就涉及到我们应该打多少牌局的问题。如果你打得太少,很难让你保持高水准。有些人几乎每天晚上都打。对我来说,即使有这么多时间恐怕也受不了。

我喜欢在牌局之间保持足够的间隙,让我对下一次牌局充满饥渴。现在,每个月打两次到三次对我来说相当合适。这个问题没有对或错的答案。这完全取决于你对其他事情的兴趣有多大以及你的牌瘾有多大。

说到饥渴,我觉得饥饿时是打不好牌的。但吃得过饱的话,有些人又要上床睡觉了。这是合理保持两者间平衡的难题。对很多人而言,在打牌前少量的餐食能使他们尽早进入状态。如果你需要多吃,就要留出一段时间,让食物适当消化后再打牌,就像要去游泳时一样。同时我建议适当喝些不含酒精的饮料。饥饿和缺乏体液都会导致头痛,而在牌桌上你最讨厌的就是头痛了。关于是否饮酒的问题,那就要看你对这个游戏有多认真了。如果周围的人都喝了,你觉得不会影响状态的话你也可以喝一点。有些人认为少喝一点可以让他们紧张的神经放松下来,从而打得更为流畅。这么做的著名牌手我一个也想不起来,但肯定有个加拿大的斯诺克选手赛前需要喝两口。对大多数牌手而言,不饮酒或无论如何都有节制是最佳策略。有相当多的研究表明,饮酒会减慢大脑的反应速度。痛饮(只要你不用驾车回家)的最佳时机,是大家在牌局结束后为你的胜利鼓掌喝彩之时。

与何时打牌密切相关的就是在何处打牌。如果你有三个形影不离的朋友,不管在牌桌上还是在任何地方大家总在一起——那么,午餐时在会议室,回家途中的火车上,你们某人的家里或者某个酒吧里你们都能玩上一局。当然,如果你对桥牌非常认真,那就要找一家俱乐部了。如果你生活在一个大城市,一周之内的每天晚上都有可能找到不同的俱乐部去玩牌。大的俱乐部往往都在郊区,居民居住密集的地方。有时你不得不在娱乐桥牌和竞技桥牌间做个妥协来选择适合你的俱乐部。如果你是个中等水平或接近中等水平的牌手,就选个你喜欢的俱乐部。不过让这种水平牌手赞赏的俱乐部通常很难长期生存。

如果你是个优秀的牌手,你会发现俱乐部缺乏挑战性。在这种情况下,你要去试一试打打锦标赛。这些比赛通常都在周末。假如你不介意旅途的远近并且乐于参赛,每个周末都有比赛可打。当然,你打得越多,离家越远,你需要投入的时间和金钱也就越多。你要查看你的日程安排和银行账户以保证别打得太多了。桥牌可能是一种非常好的游戏,但不值得冒上负债、丢掉家庭或工作的风险。

如果在时间上和/或金钱上都受限制,你可以考虑去打网络桥牌。我虽然没试过,但我的很多朋友都打过网络桥牌。由于我整天在计算机前面打字,和真人面对面在一起打牌更适合我的口味。但如果你整天在忙碌的办公室里与形形色色的人打交道,网络桥牌一定更适合你。你没必要每次打上三个小时,能有一个小时的时间打打牌就已经很不错了。如果你从工作地点到家之间的路上花了太多的时间,干嘛不在自己家里舒舒服服地打上几副牌呢?

现在要轮到我所提的三个问题中最让人恼火的了。该和谁打牌呢?有时,你的状态决定了这个问题。假如你只能和配偶或者给你提供交通费用的人打牌,就跳过这一部分。但更有可能的是,你是可以有所选择的。大多数牌手至少有一个固定搭档。有些人在某个俱乐部有个搭档,在别的俱乐部有其他搭档,或者,在工作日里有一个搭档,到了周末另有搭档。这样的话你就可以随性地多打或者少打。

大多数成功的搭档都是由水平相当的牌手组合而成。有时,你可以和前途无量的牌手或者和比你更强的牌手打牌来提高水平。但大多数时间你还是要和自己水准相当的牌手搭档,如果你们都想赢的话。没有谁愿意在重要比赛中受到同伴的拖累,也别指望比你好很多的牌手总坐在你对面。你们居住地点的远近也是个影响因素。除非你们在网上打,否则你无法总是和某个住在几百英里以外的朋友一起打牌。

与你打得多好同样重要的是,你们相处得如何。你喜欢同伴是非常有帮助的!对此我能说点什么呢?

许多人喜欢和与自己年纪或社会背景相仿的人在一起打牌。很多长久的友谊以及不少浪漫故事都是从牌桌上开始的。如果你想进步,你要在每场牌结束之后与同伴进行讨论。如果你们相处融洽，这往往是更有建设性的。除非出现了巨大的问题(比如你们忘了约定首攻长四还是三、五)，任何讨论都应该留到这场牌结束之后进行。不要为已经发生的事情浪费精力，或在一场牌的中间与同伴闹翻。

假如你和同伴各自想打不同的体系或者约定叫该怎么办？如果你更年轻或者打得更好，应当试着向同伴让步。对你来说做出调整或记住新约定要更容易一些。如果你们的年龄和水平相当，要运用常识，互有退让。比如，你同意用垫牌来表示花色选择，他同意所有的跳争叫都是弱牌。或者，如果你们当中的一位非要坚持自己的体系，就要把别的平衡因素加进来。例如，如果同伴答应由你来选择参加比赛的时间、地点，那你就在体系问题上听他的。假如你和同伴都属于同一个桥牌小圈子，大家经常互换搭档，那么与所有人使用同样的约定叫是合乎常理的。

你与某个临时搭档多久打一次牌，以及你能投入多少时间都会影响你的体系选择。在我的学生年代，我有很多时间研究桥牌，当时打的是一种带有很多接力装置的强草花体系。整个体系的内容有四十页电脑打印纸。近年来，我已经很少打任何超过四、五页内容的体系了。对一些读者来说，四、五页说不定就已经很多了。有些人很少在体系讨论上花费时间。在第四章里我说过了一些关键的约定问题。网络桥牌又使得临时搭档常见起来。很多这样的牌手都打标准美国黄卡(SAYC)，只要在你的互联网搜索引擎中键入“SAYC”，这个体系的详细内容就都能找到。

第二部分

俱乐部的晚间牌局

按照惯例,俱乐部主席目无余子先生固定坐在南家的位置,其他牌手则围着他做轮转。俱乐部使用最古老的局况预设办法,也就是说,在他们四副牌的"盘式"里,第二副和第三副的发牌方为有局方,第四副双方有局。理论上,在前三副里打成的部分定约的得分在这"盘"牌结束时可以相加起来成局。在实战中,这个"著名的四人组合"很少会不叫到局,如果真的停住了,恐怕就肯定是打不成了。结果参照复式计分制进行结算。

读者也许会在S·J·西蒙先生的《你为何是牌桌上的输家》和《牌手众生相》里遇到过目无余子先生(其他人也是一样),笃信一定要把自己的牌力(同时也包括了同伴的一部分牌力!)叫足,并乐于当庄家。他尽力不让自己着迷于诸如计算、策划或是给同伴打信号。在很多牌上他能处理得非常好。但当然了,他自由放任的态度在某些时候注定是要付出惨痛代价的。

古根海姆太太始终竭力要把牌打好,定期去上桥牌课,并且她总是随身带着一套《袖珍桥牌指南》。只要叫牌进程是简单明了的,她都叫得不错。但不同寻常情况的出现会让她方寸大乱。每次做庄时她都会紧张颤抖得像只小兔子,所以她喜欢让同伴来担负责任。但与其他三位不同,她对自己的能力颇为谦逊。

命蹇时乖的专家理论上是位杰出的牌手。他具有良好的叫牌判断能力,并且熟知各种正确的做庄打法和防守技巧。但他由于丝毫不能容许其他牌手犯一丁点的错误而屡屡吃亏。每个人都会像他一样叫牌和打牌的假设,常常会让他做出合乎逻辑但后果严重的决定。

徒劳的威利有点像是众人的组合。他的自信超过古根海姆太太但低于目无余子先生。他以科学风格的方式进行叫牌;打牌技巧飘忽不定,有时候会比命蹇时乖的专家打得还好,但有时候甚至比古根海姆太太打得还差。

第一盘,第 1 副

南发牌

双方无局

北：♠A K 3 ♡A Q ◇9 7 6 ♣J 10 6 5 4

西：♠10 9 8 4 2 ♡8 7 3 2 ◇8 ♣K 8 7

东：♠J 6 5 ♡J 10 9 5 4 ◇Q J 10 3 ♣A

南：♠Q 7 ♡K 6 ◇A K 5 4 2 ♣Q 9 3 2

西	北	东	南
古根海姆太太	徒劳的威利	命蹇时乖的专家	目无余子先生
			1NT[1]
不叫	3♣[2]	不叫	4♣[3]
不叫	4NT[4]	不叫	5◇[5]
不叫	6♣[6]	全不叫	

1. 一个冒叫:尽管五张套可以算作增值 1 点,但他的牌没有 10 并且是双张♠Q,都是要减值的。不过这些鸡毛蒜皮的小事是不会让目无余子先生费心的。他正确地判断,进局最好的机会是 3NT,因此愿意自己先开叫 1NT。至于此俱乐部都用开叫 1NT 表示 15~17 点的约定,他视若罔闻。
2. 这是徒劳的威利典型的叫品。他看到了联手有 31 个大牌点的可能性,自然要考虑满贯。但他忽视了自己草花套质量不佳并且红心套结构有缺陷。

   如果他拿的是♠AK×和♣AQJ10×,这样的牌就有必要去试探满贯。而以他实际上的这手牌,他需要同伴拿着完美配合的牌。世界冠军鲍勃·哈曼对其搭档说,“别指望我拿着完美的牌,我从来就没抓到过这样的牌。”但徒劳的威利斯根本不听这个。
3. 虽然要越过 3NT,但目无余子先生觉得用四张配合加叫草花是义不容辞的。

4. 徒劳的威利把这个4NT叫品当作什么来用的？逻辑上讲这不可能是止叫。在同伴做出了非常积极的举动，比如说加叫他的套之后，这怎么可能是止叫呢？
5. 目无余子先生对上面的问题琢磨了一会儿，最后叫出5◇表示自己只有一个A。
6. 徒劳的威利注意到叫牌已越过了5♣，决定叫上满贯。他考虑过叫6NT来保护目无余子先生可能拿着的方块间张。但是他想起来，在联手最多只有31个大牌点时，打成满贯的机会只能是去挖掘明手的将吃能力。

打牌

命蹇时乖的专家首攻◇Q。徒劳的威利在明手赢进后，面对这个毫无希望的定约表现出令人叹为观止的冷静。也许是因为他明白这叫牌灾难自己要负主要责任。他从明手起♣Q。

古根海姆太太抽出了一张牌，但她又放了回去。过去她会不假思索地盖打，不过现在她知道了这有可能是错误的，她有些犹豫不决了。她再一次把♣K抽了出来，因为她意识到自己的犹豫其实已经暴露了这张牌的位置，所以盖上也无妨。

命蹇时乖的专家用♣A超吃古根海姆太太打出的♣K时，看上去比以往更加面无表情。但作为一位专家，不能允许这个挫伤让他失去水准。防家需要再拿一墩才能击败这个满贯。他要把精力集中在这个目标上。

从叫牌上看，徒劳的威利肯定拿着两个黑桃顶张、♡A和可以推断出的♣J10××××。命蹇时乖的专家是从古根海姆太太的举棋不定中判断出徒劳的威利最多只有六张草花，但他尽量不去想少拿了一墩将牌这件事情。无论如何，他只能寄希望于徒劳的威利有三张小方块。此外，如果古根海姆太太能够将吃掉明手的◇A，这会是第二个宕墩。他停顿下来考虑出方块是否有违牌德。看不到任何别的机会，他决定就这么打了。

结果：6♣宕二，东西得100分。

事后剖析

目无余子先生与徒劳的威利展开了一场激烈的争论，他们都试图将这个灾难归罪于对方。目无余子先生首先发难了。

“你这牌叫 3♣ 太离谱了。你不过就是拿着 14 点的均型牌和一个 J 领头的五张套。”

“至少我还会算术，”威利回嘴了。“你也只有 14 点。”

目无余子先生换了个攻击方向，“你发现少了一个 A 的时候干嘛不叫 5♠ 啊？这样我就能叫出 5NT 了。”

这时候命蹇时乖的专家插嘴了，“恐怕你们连 5NT 也打不成吧。你们只有两墩方块、两墩红心、三墩黑桃和三墩草花而已。”

亏损状况

东西方本应把 6♣ 再多打宕一墩，损失 50 分

南北方的损失就难于估算了。1NT 开叫应该是很成功的，因为对抗 3NT 时古根海姆太太会首攻一张黑桃，此后十墩牌可轻松到手。如果做了常规的 1◇ 开叫，徒劳的威利会应叫 2♣，目无余子先生加叫到 3♣ 后徒劳的威利就会叫出 3NT。命蹇时乖的专家会首攻红心，庄家来不及去建立草花套(除非防家让他们的♣A 和♣K 撞头！)，只能转而树立方块套。按照牌张实际的分布，只有起◇9 以防西家是单张◇8 这样高超的打法庄家才能拿到九墩牌。我觉得应该判定这副牌的标准结果是南北得 400 分，因此南北方的损失为 500 分。

第一盘,第 2 副

西发牌

东西有局

	♠7 4 ♡7 4 ◇J 8 3 2 ♣A K Q 10 4	
♠8 5 3 2 ♡Q 9 6 2 ◇Q 6 ♣9 6 2	N W E S	♠K J 10 ♡K J 10 5 ◇A 9 7 ♣J 8 5
	♠A Q 9 6 ♡A 8 3 ◇K 10 5 4 ♣7 3	

西	北	东	南
古根海姆太太	徒劳的威利	命蹇时乖的专家	目无余子先生
不叫	不叫	**1♣**[1]	加倍
不叫	不叫[2]	再加倍[3]	不叫
不叫[4]	不叫[5]		

1. 读者已经知道我对于开叫一阶高花必须保证五张套的看法了。用这手牌开叫四张套高花的理由很充分。面对一个不叫过的同伴,你可以抛弃进局的幻想并可以对同伴的任何应叫都不再叫牌。如果这手牌的定约权不属于你们,而下家成了庄家,你更希望同伴首攻红心而不是草花。看到了吧,命蹇时乖的专家觉得自己仍要坚守体系,于是开叫了他三张的草花。
2. 徒劳的威利毫无悬念地把加倍放过了。他有很好的将牌和足够的牌力而使己方的牌力占优。
3. 我赞同命蹇时乖的专家要从被加倍的 **1♣** 上逃走。当上家决定把技术性加倍转为惩罚加倍时,他往往拿着非常好的将牌。当你开叫了一个短套后,你们必定有个更好的避难所。如果敌方做了惩罚性加倍而你的牌还有其他定约可打时,常用的逃叫手段就是 **SOS** 再加倍。在低阶水平上,你很难指望打到再加倍的定约,因为某个对手肯定会有个安全的套可以逃叫。虽然他这手牌打什么花色都可以,从技术层面上看这个再加倍叫品无可挑剔，但要用在和古根海姆太太搭档时只能说命蹇时乖的专家真是疯了。你怎么能相信她会理解叫牌进程 1♣－不叫－不叫－加倍－再加倍(此时的再加倍是显示牌力而不是求救),和眼前这个叫牌进程之间的微小差别呢?和她搭档,合理的叫品就是叫出你的红心套。

4. 我们都能料到,古根海姆太太根本就没想到同伴是在邀请她叫牌。

5. 如果人家打成了,这笔账要算在目无余子先生头上。但无论如何,再加倍的 1♣定约并没有到局。获利会大于损失。

打牌

目无余子先生和徒劳的威利总算打出了一次完美的防守。

目无余子先生可能在什么地方读到过，这种叫牌进程之后首攻将牌往往会有很好的效果。不管怎样,他肯定不愿意从黑桃、方块的间张或♡A 里面出牌。徒劳的威利连续清了三轮将牌，目无余子先生在第三轮将牌上垫了一张小红心。徒劳的威利准确地转攻一张黑桃。目无余子先生吃进了他的♠A 和♠Q,又接着出一张小黑桃。威利将吃,同时将目无余子先生的♠9 打大。想起目无余子先生曾经垫过一张小红心,徒劳的威利此时改出一张方块。以一副听天由命的表情,命蹇时乖的专家从手里跟小。目无余子先生用◇K 赢进后兑现了♠9,徒劳的威利在这墩牌上扔掉了一张红心。

知道徒劳的威利最后一张将牌无论怎么打都是赢墩，所以目无余子先生并不想让他将吃红心,于是他转攻方块。明手的◇Q 吃进后,命蹇时乖的专家试着打了张红心。目无余子先生立即用♡A 吃进并继续出方块,终于树立起一个长方块赢墩。命蹇时乖的专家最终只吃到了两墩牌:◇A 和◇Q。

结果:1♣再加倍宕五,南北得 2900 分(有 100 大牌奖分)

事后剖析

有些灾难现场的惨状实在无法用文字来加以描述。目无余子先生咯咯地笑个不停，而徒劳的威利有足够的修养，没再往伤口上撒盐。

亏损状况

理论上，南北方可以加倍 1♡ 而得到 500 分。实际上，他们一共只有五张红心，根本没有机会去防守这个定约。他们更有可能的是自己主打一个部分定约，由于牌张分布有利，南北方可拿到 150 分（复式计分法）。这意味着东西方损失了 2750 分。

第一盘,第3副

北发牌

南北有局

♠A 10 7 5 3
♡J
♢K 8 7 5 4
♣K 5

♠K 9 8 2
♡A
♢A
♣A Q 10 7 6 3 2

♠4
♡Q 9 8 7 6 3
♢Q 10 6
♣J 9 8

♠Q J 6
♡K 10 5 4 2
♢J 9 3 2
♣4

西	北	东	南
古根海姆太太	徒劳的威利	命蹇时乖的专家	目无余子先生
	1♠	不叫	2♠
3♣[1]	3♠[2]	不叫	4♠[3]
5♣[4]	加倍[5]	全不叫	

1. 古根海姆太太拿着一手好牌——比桌上其他人的牌都好多了——但是她不能叫出超过3♣的叫品。
2. 五张套有很好的主打牌力并且♣K像是长对了位置。竞叫到三阶水平看上去是正确的。
3. 目无余子先生无法抵抗成局奖分的诱惑,当然他从来也没抵抗过。徒劳的威利所叫的3♠其实并不是进局试探,他可以用3♢或3♡来邀叫。目无余子先生的牌在简单加叫里算是好的,但还没有好到足以推翻同伴对进局前景意见的程度。
4. 古根海姆太太可能应该加倍了。她拿着四张有用的将牌和三个边花A。但是,两三盘之前,命蹇时乖的专家不是告诉过她,七张套永远值得叫上两回么?
5. 加倍古根海姆太太的定约永远是极具诱惑力的。此处徒劳的威利还有另外的理由,他不想让目无余子先生再叫出5♠。

打牌

徒劳的威利首攻他的第四张方块，◇5。

“谢谢你，搭档，”古根海姆太太说着，努力地挤出了一点点微笑。明手的三张将牌看起来挺有用的，但她很遗憾地发现同伴的黑桃并不是缺门。明手出小，目无余子先生跟◇9，她用光秃秃的◇A吃进。

古根海姆太太明智地决定要利用明手将吃掉自己手中的几个黑桃输墩。于是她打出了♠9，徒劳的威利跟小，目无余子先生用♠J吃到。

目无余子先生开始思考了，他能想些什么呢？这局势很显然是要立即转攻将牌的啊。目无余子先生停顿下来的原因是他试图算出徒劳的威利有没有可能是红心缺门，因为他和明手总计有十一张红心。最后，他否定了转攻红心，而是回出同伴首攻的花色，方块。但他怎么就把该出将牌的事情给忘了呢？

古根海姆太太将吃了这一轮方块，她难得有一次注意到了，徒劳的威利跟出的是◇4。他在方块里给出了大-小信号，也许他是双张方块。她最好牢记这一点。明手将吃一墩黑桃之后，古根海姆太太用♡A回手。上一副中当明手时她打了个盹，不过现在她精神抖擞，非常敏锐。她注意到徒劳的威利掉出了♡J。古根海姆太太琢磨了一下他的红心会不会和方块一样都是短门。不，他总不能什么花色都是短的吧，也许♡J是从♡KJ10×里打出来的。但她从来没有想过，其实徒劳的威利的♡J打的是真牌，而方块他是先出的长四然后跟出了第五张。

古根海姆太太让明手将吃了第二张黑桃，不过♠A还是没有出现。她需要再次回手做最后的黑桃将吃。古根海姆太太还是担心方块超将吃的风险大于红心。因此，她打出了一张红心，如果她用♣A来将吃照样可以打成这个加倍定约。可惜，古根海姆太太是用♣6将吃的。徒劳的威利用♣K超将吃并打出他剩余的将牌。葛根海姆太太慢吞吞地一张又一张打出她的将牌，但徒劳的威利是根本不会放弃♠A的。既然庄家将吃过一墩方块，他知道保留◇K是没有任何意义的。

结果：5♣加倍宕一，南北得100分

事后剖析

徒劳的威利清了清嗓子。“咱们运气还不错,是不是,搭档?”

目无余子先生实在是无言以对,只能轻轻地点了点头。

亏损状况

古根海姆太太本可以在第一轮黑桃时出♠K, 从而轻易打成这个加倍定约。徒劳的威利开叫了然后又叫了加倍,非常有可能拿着♠A。但从他哪一边是无法攻击将牌而不损失掉将牌 K 的。因此,损失是 650 分。550 是 5♣加倍打成的分数,再加上 100 宕分。

我同时也会将南北方的损失评定为 650 分, 因为目无余子先生错失了领出将牌的好机会,这本来会让大多数庄家混走这个定约。但是,遵照西蒙估算损失的做法,我只将本该发生的和实际发生的相比较,而不去管有可能发生的情况。但目无余子先生的好运气还能持续多久呢?

第一盘,第4副

东发牌

双方有局

	北	
	♠A K 6 ♡K Q J 7 5 2 ◇Q 8 4 ♣3	
♠Q 10 8 2 ♡A ◇A 10 7 3 2 ♣9 6 4		♠J 7 4 ♡8 3 ◇K 6 5 ♣K Q 10 7 5
	♠9 5 3 ♡10 9 6 4 ◇J 9 ♣A J 8 2	

西	北	东	南
古根海姆太太	徒劳的威利	命蹇时乖的专家	目无余子先生
		不叫	不叫
不叫	1♡	不叫[1]	2♡
不叫[2]	3◇[3]	不叫	3♡[4]
不叫	4♡[5]	全不叫	

1. 命蹇时乖的专家对于有局方的二阶争叫要求颇高。缺乏第六张草花是个重大缺陷。
2. 随便换个牌手也都会叫技术性加倍的。敌方找到配合之后,如果你总是默不作声地放任他们打个部分定约的话,是要输很多分的。如果他们有个八张套配合,你方也会有个长套配合,除非你们在其他花色上刚巧都是七张配合。如果他们有个九张套配合,你方一定有个八张套或更好的配合。加入叫牌的风险很小,因为敌方在知道自己有配合的情况下是很不情愿对你方的低阶定约加倍的。
3. 徒劳的威利终于有机会使用一个叫牌装置了。对其3◇的通用解释是寻求花色帮助的进局试探。它是个在已同意的高花中进局的邀叫,要求同伴特别关注他所要试探的花色。徒劳的威利是个货真价实的科学家,从来不会在叫牌中走捷径。
4. 目无余子先生寻找着接受邀请的理由但没找到。他有四张将牌确实是比三张将牌要强一些,但他整手牌看起来像是低限。按照输张计算衡量这手牌,有十个输张。

5. 这是徒劳的威利典型的举动。他做出了进局试探,同伴要求止叫但他还是叫了局!的确,他这手牌在同伴简单加叫后是几乎可以直接叫进局的。这要取决于◇Q 的价值。如果拿着♠A××和◇KQ×,他就拿着一手只有五个输张的牌,并且没什么缺陷,那样的话当然可以直接叫进局。他实际拿着的这手牌,许多专家牌手会在 2♡ 后直接叫上 4♡。这手牌价值 18 点(在已知有九张配合时,单张价值 3 点)而且有局方的进局奖分是非常有吸引力的。但有一点我是很有把握的:如果你想叫进局,要在前一轮叫。

徒劳的威利的叫牌进程有着三重危险:

(1) 理论上说,这是表示有满贯兴趣的进程——不然为什么不直接叫进局?这样同伴很有可能会把你推到更高的定约上。

(2) 如果同伴在 3◇ 后长考才做出止叫,你就会面临一个牌德问题,而且你会觉得被禁止叫牌了。

(3) 对自己和同伴的牌描述得越多,敌方的防守就会越精准有效。

打牌

首攻一张黑桃的话就能击败这个定约,但是命蹇时乖的专家有个很明显的草花首攻。徒劳的威利用♣A 吃进♣K 后打出一张将牌。古根海姆太太用♡A 进手(既轻松又漂亮)然后打出♠10。她一定是在什么课上刚刚学会了围剿打法!赢进这墩牌后,徒劳的威利用♡10 进入明手,同时清光了外面的将牌;但他现在意识到情况不妙了。

不管怎样,徒劳的威利需要从暗手或明手垫掉一张黑桃。也许古根海姆太太有五张黑桃而他可以诱使她吃进第一轮方块。如果她的黑桃比较少的话,可能她会改出草花。徒劳的威利从明手起◇J。他的计划奏效了——嗯,只是第一步而已。古根海姆太太用◇A 吃了。但她还是不喜欢对着明手的♣J 出草花,因此回出了一张黑桃。徒劳的威利吃进后用一张小将牌再次进入明手，随后拉起◇9，准备飞过去。古根海姆太太用◇10盖打，◇Q又被◇K吃掉了。

命蹇时乖的专家对于下一步的打法早已了然于胸。如果庄家有个草花输张，它是跑不掉的。与之相反，如果徒劳的威利有◇8的话，明手的第三张黑桃倒是要被垫掉了。于是他打出♠J，拿到了宕墩。

结果：4♡宕一，东西方得100分

事后剖析

“漂亮的换攻，搭档，”命蹇时乖的专家说。

古根海姆太太在同伴不寻常的表扬下有点飘飘然了。“是的，我们上星期在网络桥牌课讲过这种换攻。如果你拿着AJ×或者KJ×，我出10就能防止庄家摆小让这墩牌出向明手。”

命蹇时乖的专家微笑着说，“我想，你的意思是说庄家拿着AJ×或者KJ×吧？。”

“是的呀，搭档，”古根海姆太太承认刚刚说错了，“老师就是这样说的”

“这定约能打成么？”徒劳的威利问道。

“我觉得打不成。我反正已经表示要止叫了。”目无余子先生没好气地回答。

亏损状况

南北方损失了720分，4♡宕一(-100分)而不是4♡打成(+620)。

能看出来怎样打成这个定约吗？

简单数数就能发现有四个输张：方块两个及两门高花里各一个。唯一可以避免的输张是黑桃输张。由于你在树立方块赢墩的过程中要丢掉两次出牌权，在动将牌之前就必须要处理方块。尽管在这门花色中可以飞任意一家，但你显然要按西家有◇10来打。此外，由于你缺乏通往明手的快速进张，你必须在第一轮方块时就准备用◇9飞过去。

我凭什么说要按西家拿着◇10来打呢？由于东家已表明有♣KQ,因此他持有其他牌的机会就会略微小一点点,这是理由之一。另外如果古根海姆太太拿着◇AK的话,她肯定是不会让◇9飘过去的——实际上,大多数牌手都会觉得很难在此时跟小。因此只要她拿着◇10或者◇AK，这种打法就能成功。你可能会想,如果古根海姆太太坐在你左边是否就应该换个方向去飞◇10。这样的话,也许你就应当将吃一墩草花后从手里出张小方块。古根海姆太太只要有◇K或◇A,肯定就会先扑上这张大牌。

* * * *

“该换换搭档了,”目无余子先生大声说。他扫视了一下房间,只看到一张张的空桌子。俱乐部平时那些牌手都到哪里去了呢?他看了看古根海姆太太,又看了看徒劳的威利,再把眼睛转向古根海姆太太。他们都明白了。徒劳的威利起身和古根海姆太太互换了位置。

第二盘，第 1 副

南发牌

双方无局

	♠K Q 9 8 7 5 ♡5 ◇10 5 3 ♣Q J 4	
♠6 2 ♡K 10 ◇K 9 4 2 ♣K 10 8 6 3		♠10 4 3 ♡A J 7 6 4 2 ◇8 7 ♣9 2
	♠A J ♡Q 9 8 3 ◇A Q J 6 ♣A 7 5	

西	北	东	南
徒劳的威利	古根海姆太太	命蹇时乖的专家	目无余子先生
			1◇[1]
不叫	1♠	不叫	2NT
不叫	3NT[2]	全不叫	

1. 当你打四张或五张高花开叫时，这个 1◇ 开叫都是正确的。
2. 任何其他牌手都会叫出正确的 4♠。有一个好的六张高花套及一门未叫过花色的单张，应该自己承担责任叫到高花成局定约。古根海姆太太对于做庄的极端恐惧使她没能这么叫。当然，她本来可以叫出 3♠，让同伴来选择打哪个成局定约——眼下，任何 2NT 之上的叫品都是进局逼叫①。可是，古根海姆太太以为，3♠是要求同伴转移到 3NT，她就不想这么费事了。

你这就能看出来古根海姆太太为什么会很少当庄家了。她的同伴总是抢庄，而她正是他们的同谋！

①有些人使用 3♣作为示弱叫品，要求同伴转叫 3◇：沃尔夫止叫装置。

打牌

拿着个没人叫过的五张套和两个可能的进张，徒劳的威利轻松地首攻♣6。目无余子先生，在看到明手草花的第一时间就一如其本性地扑上了♣Q。♣Q吃到了，命蹇时乖的专家跟出♣9。目无余子先生继续出张黑桃给♠A，再打出♠J。威利跟小，♠J吃到了这墩牌，命蹇时乖的专家跟出♠10。目无余子先生打算怎样进到明手去兑现这些黑桃赢墩呢？难道他忘了♣K还在外面么？

目无余子先生整理了一下明手的黑桃。

"该从你手里出牌，"古根海姆太太提醒他。

"谁不知道啊。"目无余子先生嘟囔着。

最后，目无余子先生终于意识到问题所在了。他停顿了一刻，打出了♢Q。徒劳的威利死死地把这张牌盯了好一会儿，然后跟小。目无余子继续出♢J，徒劳的威利这次相当平静地继续跟小。目无余子接着兑现了♢A。当命蹇时乖的专家示缺时，目无余子先生耸了耸肩。但他坚定地打出了第四轮方块，徒劳的威利被迫吃进。此时他面临着一个棘手的决定，接下来该出什么呢？

♠K Q 9 8
♡—
♢—
♣J 4

♠—
♡K 10
♢—
♣K 10 8 3

此刻只有一张牌是可以出的：♡10。可是，徒劳的威利打出了♣3。看来他忘了苦命的命蹇时乖的专家在第一墩时出的是♣9，这肯定是在表示自己持有双张草花。明手♣J赢进，目无余子先生连忙奔吃黑桃赢墩，而他手里的♣A吃到了最后一墩。

结果：3NT超三，南北方得490分

事后剖析

“你是想打满贯吗？”古根海姆太太很有礼貌地问。

目无余子先生哈哈大笑。飞快地瞟了徒劳的威利一眼，他摇了摇头。他知道，连打成局都够费劲的。

目无余子先生点上了烟斗。虽然铺天盖地“禁止吸烟”的警示已经进到了桥牌世界，但要想影响到这个俱乐部恐怕还来日方长！

亏损状况

东西方损失 540 分(50+490)。

命蹇时乖的专家已经竭力在帮助徒劳的威利了。如果命蹇时乖的专家在第一轮草花时出的是♣2，徒劳的威利就有理由认为这是从三张里面打出的，那目无余子先生在残局时就只剩下秃 A 了。你注意到命蹇时乖的专家另一个好的出法了么？他在第二轮黑桃上跟出了♠10——这是表示要红心的花色选择信号。

目无余子先生应该受到宕分的惩罚，他第一墩就错失了轻松打成的良机。如果他用♣A 吃进第一墩，解封黑桃大牌之后再回出一张草花，只有在极其不利的分布下才会打宕这个定约。实例中，只要他在第二轮黑桃时用明手的大牌超吃过去，即使没有徒劳的威利的帮忙也能完成这个定约。他整理明手的黑桃则说明他从一开始就根本没有注意到明手的黑桃张数。毕竟，在这样的叫牌进程之中，他也没料到明手会摊出六张黑桃套来，对吧？

第二盘,第 2 副

西发牌

东西有局

	♠A 8 7 6 2 ♡A 9 ◇10 6 5 ♣A Q J	
♠K J 9 4 ♡K 3 ◇K 8 ♣K 8 6 5 2	N W E S	♠10 5 3 ♡J 10 8 7 2 ◇Q 9 2 ♣10 7
	♠Q ♡Q 6 5 4 ◇A J 7 4 3 ♣9 4 3	

西	北	东	南
徒劳的威利	古根海姆太太	命蹇时乖的专家	目无余子先生
1♣	1NT[1]	不叫	2♣[2]
不叫	2♠[3]	不叫	3NT[4]
全不叫			

1. 古根海姆太太没少上课,对吧?现代的思路是所有的 5-3-3-2 都被视为均型牌,即使五张的是高花。拿着这么强的草花和差劲的黑桃,1NT 叫得很不错。
2. 目无余子先生在寻求红心配合。既然开叫人的花色是草花,把 2♣ 当作扣叫和斯台曼一起使用,连古根海姆太太也不可能误会。
3. 古根海姆太太又叫得不错。有些人会错误地跳叫 3♠ 来表示黑桃是五张套。这种叫法一般除了同伴恰好持有三张以上黑桃时,都只会帮助敌方。
4. 尽管五张方块是个积极因素,由于单张♠Q 的价值无法确定,目无余子先生这手牌简单叫出 2NT 就足够了。首先他这手牌没有 10,同时也要考虑到古根海姆太太不像是做庄高手。但老习惯永远是根深蒂固的。

打牌

命蹇时乖的专家仔细研究了叫牌进程，注意到徒劳的威利没能对2♣叫加倍。假如他的同伴特别想要得到草花首攻,他是可以叫加倍的。如果手里的红心套再弱一点,他可能就要攻长四而不是最大的红心了。此例中,最大的四张几乎是连号了,他选择首攻♡J。

"谢谢搭档,"古根海姆太太说。

她数了数快速赢墩,发现赢墩远远不够。同时她也看到通往明手的进张同样贫乏。她让明手扑上♡Q,但徒劳的威利用♡K盖打了。

"你要是没拿着这张牌就好了,"古根海姆太太无可奈何地说,她决定忍让一墩。

徒劳的威利考虑了片刻自己下一步的打法。假如同伴有♠10,等到◇K进手时他就可以兑现三个黑桃赢墩了。他打出了♠K。古根海姆太太跟♠2,命蹇时乖的专家竭尽全力用♠5来表示鼓励。徒劳的威利又一次沉思。他实在是弄不清究竟谁拿着♠3,于是他决定回攻红心。

古根海姆太太被迫用♡A吃进后打出一张小方块,用◇J飞过。徒劳的威利只用一眨眼的功夫就想明白了,他跟小！他认为自己很清楚:从叫牌上看,如果古根海姆太太拿着◇Q××,如果他吃进这墩庄家就会有四墩方块了。忍让了这墩牌,他相信就可以把庄家在这门花色上的赢墩限制在三个。◇A赢了第二墩后,◇Q将赢进第三墩,但将这门花色堵死了。可徒劳的威利漏掉了什么呢?如果古根海姆太太确实拿着◇Q××,她可以简单地放掉第二轮,让他这种打法充其量与别人打个平手。这也就解释了为什么徒劳的威利会输这么多。他总是遭受普通牌手无法想象的挫折。

◇J吃到后,古根海姆太太决定要再一次从手里出方块,却发现出牌权令人生厌地落在明手了。她打了张小草花给♣Q。居然赢到了！按计划行事,她又打出了一张小方块。当命蹇时乖的专家跟出◇9时,古根海姆太太让明手出小,◇K从徒劳的威利手里掉了出来。以如此巧妙的打法,她树立起了方块套,既保持了到明手的桥路还避免了让命蹇时乖的专家进手。打得漂亮,古根海姆太太!

徒劳的威利又试着出了张小黑桃,但已是徒劳之举。古根海姆太太赢了,她愉悦地兑现完方块赢墩,然后重复草花飞牌,拿到了九墩牌。

结果:3NT 打成,南北方得 400 分

剖析

“你手里有♠10 么?”徒劳的威利问。

命蹇时乖的专家心情沉重地点了点头。

“那咱们本来可以打宕这个定约的。”徒劳的威利评论道。

“打宕定约的路还不止一条呢。”命蹇时乖的专家嘀咕着。

亏损状况

东西方损失 550 分(3NT 宕三 150 分,而不是打成的-400 分)

假如徒劳的威利本分地吃进他的◇K,定约要宕三。庄家只能拿到三墩草花和三个 A。

古根海姆太太这手牌打错了,但毕竟把定约混走了。她错在何处?首先,她应该在第一墩红心时让明手出小,自己用♡A 吃进。其次,她在方块上的打法应该是先从手里出◇10。这样,无论命蹇时乖的专家和徒劳的威利如何防守,她都能取到四墩方块了。

如果命蹇时乖的专家盖打◇10,明手忍让。然后,在第二轮时出◇A 就能击落徒劳的威利的◇K。如果◇10 专家跟小,庄家第二轮就用◇J 飞过。没错,这种结构常规的打法是出张小到◇J,但此例中进张的形势使得你没法应付东家拿着◇K×或者◇Q× ——要不这门花色就要被阻塞了。此外,从叫牌来看,可以排除东家拿着◇KQ×。

第二盘，第 3 副

北发牌

南北有局

	♠K Q J 9 ♡K Q 7 ◇10 3 2 ♣9 8 6	
♠8 4 ♡A 8 5 4 3 ◇J 8 5 ♣A 5 2	N / W E / S	♠10 6 3 ♡J 9 6 2 ◇7 6 ♣K Q J 10
	♠A 7 5 2 ♡10 ◇A K Q 9 4 ♣7 4 3	

西	北	东	南
徒劳的威利	古根海姆太太	命蹇时乖的专家	目无余子先生
	不叫	不叫	1◇
不叫	1♠	不叫	3♠[1]
不叫	4♠[2]	全不叫	

1. 按照输墩计算(你方有配合后常见的衡量打牌牌力的标准)这手牌值得做跳加叫。一手七个输张的牌是开叫的低限牌。这手牌，仅有六个输张很明显好于低限牌。但如果你考虑过同伴作为发牌人已不叫过，并且做庄是她的致命弱点，做个简单加叫就足够了。也许目无余子先生指望徒劳的威利在这副牌上继续犯防守错误……
2. 假如同伴做的是简单加叫，古根海姆太太就会有更大的选择余地：2NT，3♠(对她而言只是普通的邀叫)和 3♣(寻求同伴在草花中的帮助)。

跳加叫免除了古根海姆太太做任何困难的决定。拿着这手牌，连她都能鼓起勇气叫进局了。

打牌

命蹇时乖的专家首攻♣K,吃到了第一墩。他继续出♣J。徒劳的威利用♣A超吃过来又继续出第三轮草花。命蹇时乖的专家要研究他的下一步行动了。防守方已经拿到了三墩牌，宕墩必须来源于将牌——随后我们还会谈这个问题。如果徒劳的威利拿着将牌 K,他怎么出都无所谓。但如果徒劳的威利拿着♠J 或♠Q,命蹇时乖的专家需要打出第四轮草花。这肯定是正确的防守路线。

古根海姆太太略感吃惊,但对这样送出转机的防守她还是很欢迎的。老师们怎么说来着?她记着呢,要在将牌较短的一边将吃。看看自己手里,再看看明手:居然都是四张将牌。也许她该在较弱的一边将吃吧。但如果她让明手小将吃,徒劳的威利也许能超将吃;这是有可能发生的吧?

古根海姆太太开始回想出草花的全过程。第一轮肯定两个防家都跟出了,四张草花出掉了。命蹇时乖的专家出的第二轮草花是被徒劳的威利用♣A 吃进的,八张草花出掉了。第三轮是怎么回事来着? 记忆有点模糊了。古根海姆太太突然想通了:既然命蹇时乖的专家现在还能打出草花来,他刚才一定跟出过第三轮。没错,十二张草花都出掉了。现在徒劳的威利已经没有草花了。是谁说的古根海姆太太不会数数?

思考的成果马上化为了行动。她让明手出 A。

“哪个 A? ”徒劳的威利问。

“这张,”古根海姆太太回答,她用一只没有带戒指的手指点了点明手的将牌。威利垫了一张大红心,古根海姆太太垫了张小红心。跟下来她打出了将牌的 K、Q 和 J。她注意到命蹇时乖的专家在第三轮掉出了♠10,威利又垫掉了一张红心。古根海姆太太要停下来数数将牌了。

每个人都跟出了两轮,就是说八张去掉了。第三轮只有三个人跟出,那就是十一张出掉了,对吧? 她手里还剩一张。外面还有一张吗? 她低头看了看自己的♠9,是赢张吗? 它肯定是,对不对? 上一轮♠10 已经掉出来了,不是吗? 古根海姆太太深深地吸了一口气，然后打出了将牌9，并赢到了这墩牌。命蹇时乖的专家居然没有了。不管怎么说，打出第四轮将牌效果不错，垫掉了明手的单张红心。她接下来从大到小出方块。当两个人都跟出了三轮的时候，命蹇时乖的专家投降了。这副牌打的时间也真够长的了。

结果：4♠打成，南北方得620分

事后剖析

目无余子先生搓了搓手，然后就计分，他的字写得比平常要大。

“你干嘛要送给人家一个将吃垫牌啊？”徒劳的威利问道。

命蹇时乖的专家叹了一口气，“假如我打的牌有什么作用的话，它肯定是唯一能击败定约的出法。明手的方块看起来是这么坚固而且我知道，你是没有♡A的。”

“可我拿着♡A呢！”徒劳的威利反驳道。

“那我倒要问问了，你为什么不兑现这张♡A呢？看到明手单张红心，你还想吃到几墩红心呢？”

“我想，庄家有可能拿的是♡KJ×而不是♡KQ×，她有可能猜错的啊。如果她要清四轮将牌，明手就没有将牌了。”

古根海姆太太对这种争论根本听不见，但目无余子先生不想再听下去了。

“我同伴一口气打成了两个定约，这也许是她这辈子的头一回。就让她安安静静地陶醉一会儿吧！”

亏损状况

我认为东西方损失了720分（如果他们兑现了四个快速赢墩可以得到100分，加上他们实际上输掉了的620分）

当然，命蹇时乖的专家说对了。徒劳的威利打牌的顺序不符合拿着♡A的打法。尽管他吃不准第三轮草花是否可以拿到,这显然是最好的机会。此例中,他的♡A 就是关键的宕墩。

古根海姆太太跟以往一样,这次实际上又打错了,但最终还是把定约打成了。当她做决定的时候,局面是这样的:

	♠K Q J 9 ♡K Q 7 ♢10 3 2 ♣—	
♠8 4 ♡A 8 5 4 3 ♢J 8 5 ♣—	N W E S	♠10 6 3 ♡J 9 6 2 ♢7 6 ♣Q
	♠A 7 5 2 ♡10 ♢A K Q 9 4 ♣—	

她本该在第四轮草花上垫掉明手的红心,然后暗手将吃。按她这种打法,在大多数将牌为 **4-1** 分布时定约都会打不成。计算将牌可能会有所帮助,至少在方块为 **4-1** 分布时可以避免宕二。

古根海姆太太所想的,通常得到将吃垫牌时要在将牌较短的一手将吃是正确的,当然也有例外。拿着同样长度的将牌时,一般要先垫牌,后将吃。这样做可以避免两手牌都要将吃——通常不是什么好主意。也许那个率先创造了"将吃垫牌"术语的人本来就应该把它叫作"垫牌将吃"。那样的话,就连古根海姆太太也不会打错了……但也许她还是会打错!

第二盘,第 4 副

东发牌

双方有局

北：♠Q 10 6 5 2 ♡— ◇9 3 ♣Q J 9 5 3 2

西：♠A K 7 ♡K 10 7 5 4 ◇A 4 ♣K 10 7

东：♠9 4 3 ♡A J 8 3 2 ◇J 2 ♣A 6 4

南：♠J 8 ♡Q 9 6 ◇K Q 10 8 7 6 5 ♣8

西	北	东	南
徒劳的威利	古根海姆太太	命蹇时乖的专家	目无余子先生
		不叫	3◇
加倍[1]	不叫	4♡	不叫
4NT[2]	不叫	5♡	不叫
6♡[3]	全不叫		

1. 一个专家评判组投起票来大概要有三项选择,主要的票都投给 3NT 和加倍,3♡的票数会较少。作为科学家,徒劳的威利明确地选择了最有弹性的行动。保留了打四种方向的定约或做防守的选择。假如命蹇时乖的专家拿着一手弱牌,防守可能是唯一能得到正分的办法。

2. 徒劳的威利有些吃惊了。在前面的三副牌里,对手都叫到并打成了局,而且其中两副居然还是由古根海姆太太主打的。但现在只要打成一个满贯就能拯救这一盘牌局了,对不对?

他想,既然命蹇时乖的专家可以跳叫进局而自己又拿着这么一手好牌,满贯应当是有希望的。他知道同伴有高超的做庄技巧,而这些防家的水平又这么普通,天赐良机自然不能错过。但徒劳的威利似乎忘了同伴作为发牌人是不叫过的,并且命蹇时乖的专家已经把牌叫高了一阶。

3. 在很多叫牌进程中，当 **4NT** 黑木问叫之后，如果答叫的叫品表明你方拿着所有的 **A** 时，你要继续叫 **5NT**，向同伴确认这个信息，使他有机会叫出大满贯。可能是徒劳的威利忽然醒悟过来知道自己已经冒叫了，也可能是他终于想起来同伴在最开始时是不叫过的？我认为两方面的因素都有。

打牌

目无余子先生放下了烟斗，手指轻轻触摸了一下他的单张草花，然后盯着自己的将牌。就算不将吃，他也可能拿得到一墩将牌。他首攻了◇**K**。

命蹇时乖的专家调整了一下自己的眼镜，打量着明手的牌。他是以技巧娴熟的牌手著称的，这也使得他的同伴总是叫牌过高，让他常常面对很难打的定约。他看到每门边花似乎都各有一个输张，将牌里也可能还有一个。他回想了一下叫牌进程，心情稍稍好了一点，这牌好像有个打法了。

他让明手出◇**A**。古根海姆太太跟出了◇**9**。前面两副牌的成功让她脸上的红润一时还退不下去，她可不想犯个愚蠢的错误，比如忘记显示她的双张。命蹇时乖的专家跌出了◇**J**，保留了◇**2**。他究竟想干什么呢？

当他从明手拉起一张小将牌时，他的计划开始显露。通常，已知南家有方块长套后，命蹇时乖的专家应该先兑现将牌 **K**，缺门应当更像是在他的左边而不是右边。他出小是因为他希望古根海姆太太拿着短将牌。他期望目无余子先生的黑花色非常短以便最终投入他，而古根海姆太太肯定是拿着许多黑花色的牌，这样可以紧逼她。定约还缺两墩牌，他就需要这两种残局打法都奏效！

当古根海姆太太在第一轮将牌上示缺的时候，命蹇时乖的专家脸上带着一丝微笑用♡**A** 吃进，接着又清了两轮将牌。

现在，他需要猜断目无余子先生的牌型了。他还不能把两门黑花色的 **A-K** 都兑现掉，因为他还需要一个通往威胁张的进手。他从明手出了张小草花。古根海姆太太跟♣9，♣A 吃进，目无余子先生掉出♣8。庄家接着出了张黑桃。目无余子先生跟出的又是一张 8，♠A 吃进；古根海姆太太这回出的是♠5。

西	北	东
	♠Q 10 6 ♡— ◇3 ♣Q J 3	
♠K 7 ♡7 5 ◇4 ♣K 10	N W E S	♠9 4 ♡J 8 ◇2 ♣6 4
	♠J ♡— ◇Q 10 8 7 6 5 ♣—	

如果古根海姆太太原本拿着♠QJ10×××，她很可能要跟出♠Q 或者至少打出某种大-小信号来，命蹇时乖的专家已把残局读得一清二楚。他兑现♠K 后从明手打出了◇4。你看看，古根海姆太太只能跟出◇3 来。一切尽在掌控之中了，命蹇时乖的专家满意地发出了哼哼声。

“该死的！”目无余子先生吼着。他吃进这墩牌后，手中已经没有其他花色了，他只能再回出方块。

命蹇时乖的专家让明手将吃，手里垫掉一张草花。然后在自己手里赢进了第四轮将牌又兑现了第五张将牌。明手垫掉一张黑桃，而古根海姆太太只能投降了。

结果：6♡定约打成，东西方得 1430 分

剖析

“打得真棒，搭档！”徒劳的威利大叫着。

命蹇时乖的专家深深地吸了一口气，耸了耸肩。“这牌只能这么打。”

“咱们没办法打宕他们，对吧？”古根海姆太太问。

“没办法，咱们打不宕。”目无余子先生回答，伸手去拿他的烟斗。可以聊以自慰是，他和眼前这位所要搭档的四副牌总算是熬过去了。

亏损状况

我只能判这副牌南北方损失了 1630 分(如果古根海姆太太保留了◇9,满贯要宕两墩)。但对于古根海姆太太来说,恐怕太难为她了!

顺便提一句,假如古根海姆太太坐在南家,也许命蹇时乖的专家保留◇J 就是最好的打法了。计划的成功要寄托在她用◇Q 吃进第二轮方块,根本不用管北家的方块是什么结构。古根海姆太太不太可能会找到致胜的打法,即在残局时放过◇J 不吃。吃到额外的一墩方块帮不了庄家什么忙,因为他在两门黑花色上还是各有一个输张,并且根本没有可能打出紧逼。

* * * *

目无余子先生清了清喉咙,搓了搓手,等待着下一盘的开始。命蹇时乖的专家微微一笑,从椅子上站了起来。古根海姆太太愣了一下才明白该换位置了,于是开始收拾身边的物品。她拿起了她的笔,她的眼镜,她的计分表和她的手袋。然后她和命蹇时乖的的专家交换了座位。

第三盘，第 1 副

南发牌

双方无局

北
♠K Q 10
♡A J
◇J 6 4 3
♣K Q 10 2

西
♠8 5
♡4 3
◇K Q 10 7
♣A 8 7 6 3

东
♠J 9 6 4 3 2
♡Q 6
◇A 5
♣J 5 4

南
♠A 7
♡K 10 9 8 7 5 2
◇9 8 2
♣9

西	北	东	南
徒劳的威利	命蹇时乖的专家	古根海姆太太	目无余子先生
			3♡
不叫	**3NT**[1]	不叫	**4♡**[2]
全不叫			

1. 命蹇时乖的专家判断的不错。如果目无余子先生在某个黑花色里为短门，**4♡**很可能有四个快速失墩。**3NT** 如果不比 **4♡**强，至少可以和它一样好打，除非目无余子先生的短门在方块里。
2. 目无余子先生的桥牌知识实在有限。的确，他拿着一手弱牌和长长的红心套，但他开叫的 **3♡**已经表述过了。要是和古根海姆太太打，这么叫也许可以原谅——但跟目前这搭档这么叫就是错的了。目无余子先生拿着一个 **A** 和一个 **K**，无论是打 **3NT** 或 **4♡**都同样有用。

打牌

徒劳的威利首攻◇K 吃到,东家跟◇5,南家跟◇2。他继续出◇10,明手放小,古根海姆太太用◇A 吃进后就陷入了沉思。

尽管其他人都很清楚,◇10 应该是个要求出黑桃的花色选择信号,但古根海姆太太肯定是想不到这个的。向天花板和地板轮流咨询了一番之后,她将这个问题交给命运来决定。她拿出了两张小黑桃和一张小草花,在桌面下边捣腾开了。为什么是两张黑桃和一张草花呢?她手里黑桃的张数是草花的两倍,于是想把事情尽量做得公平些。命运的指引让她打出了一张黑桃。目无余子先生用♠A 吃进后,以♡A 进入明手。他继续出♡J,当古根海姆太太用♡Q 盖上之后,他就无需再做猜测了。庄家再打两轮黑桃,垫去手里的单张草花后就摊牌了。

结果:4♡打成,南北方得 420 分

亏损状况

东西方损失了 470 分(他们原本应得的 50 分加上 420 分)

防守方应该怎样拿到他们的四个快速赢墩呢?很简单:古根海姆太太本可用◇A 超吃首攻的◇K 继续出方块。徒劳的威利要先兑现♣A,然后再给同伴将吃方块。即使他不兑现♣A,两个防家都知道他让同伴将吃的那张牌是花色选择信号。古根海姆太太没有理由害怕把◇J 做大了(如果庄家有第三张方块)。◇J 所能垫掉的不过是庄家某个黑花色上的单张,但她的同伴享有出牌权,可以兑现赢墩。徒劳的威利也有部分责任,至少,在面对一个好的同伴时可以这么说。打出◇10,想要钉死明手◇9-8 的想法实在是很愚蠢。他应该打出手里最小的方块,要求同伴回攻草花。

读者是否能看出来目无余子先生也出错了吗?假如他在前两轮方块上跌出◇8 和◇9,即使东家是个高手也很有可能把◇7 误读为大牌。

第三盘，第 2 副

西发牌

东西有局

	♠Q 10 6 2 ♡Q J 8 5 ◇10 6 2 ♣10 8	
♠7 4 ♡K 6 4 3 ◇A K Q J 8 7 5 ♣—	N W E S	♠A J ♡A 7 2 ◇4 3 ♣Q 9 6 5 4 2
	♠K 9 8 5 3 ♡10 9 ◇9 ♣A K J 7 3	

西	北	东	南
徒劳的威利	命蹇时乖的专家	古根海姆太太	目无余子先生
1◇	不叫	2♣	2♠[1]
3◇[2]	3♠	3NT[3]	不叫
4♡[4]	不叫	5◇[5]	全不叫

1. 目无余子先生随便找个理由就会加入叫牌。尽管他的套很差，但牌型很不错。至少，他不是有局方。
2. 我同意徒劳的威利的叫牌。坚固的七张套是这手牌的主要特征。同伴不像是有四张红心的人，除非他的牌力强到可以做应叫人的逆叫(对许多人来说，这是逼叫到局的)。
3. 虽然她已经在恐惧中颤抖，古根海姆太太知道拿着铁定的黑桃止张时她必须叫 3NT。
4. 请原谅徒劳的威利吧，在没有完成牌型描述之前他是绝对不会停止叫牌的。的确，假如同伴拿着♡A×，满贯还是有点希望的，但可能性很小。更有可能的是，古根海姆太太会把他放在 5◇定约上。5◇要想跟 3NT 一样打成，他需要比同伴打 3NT 时多拿两墩才行。要想打到更高定约，他要多拿三墩牌。而这手牌怎么看也不像。他的方块套在哪个定约里都能取到七墩牌，古根海姆太太有个黑桃的止张——这是靠得住的。她既然做了二阶水平上的应叫，期望她再多拿一墩应该不会有什么问题。

5. 古根海姆太太痛苦地挣扎着，徒劳的威利最后这个叫品到底是什么意思呢？如果他有红心套，前一轮叫牌时干嘛不叫出来呢？最后，她认定，即使同伴有红心套，他的方块套也一定强得多，因此她回叫了方块。她的脑子里，丝毫也没闪现过用 4NT 止叫的念头。

打牌

命蹇时乖的专家做首攻时沉思良久。他的红心持牌预示着应该首攻将牌。不过他同样知道，拿着这样的将牌做首攻是有一定风险的，而且，假如首攻黑桃可以击败定约，但如果由于他攻了将牌让敌方打成定约肯定会让目无余子先生很不高兴的。在疑虑和担忧中，他首攻了♠2。

古根海姆太太摊牌时满脸的忧虑。

“谢谢你，搭档，”徒劳的威利试图安抚焦虑的同伴。

徒劳的威利可以轻松数出十墩牌。红心 3-3 分布很显然是第十一墩的最佳来源。还能找到什么别的机会吗？

由于明手缺乏进张，即使目无余子先生拿着♣AK×，树立草花套也是任重道远。尽管如此，吃进黑桃首攻之后他决定还是先动一圈草花看看情况。目无余子先生出♣J，徒劳的威利将吃。此时他冒出个想法。如果在清光将牌之前先打三轮红心，他也许能让明手将吃一墩红心。再次获得出牌权后，他准备只动一轮将牌，希望拿着双张红心的人没有将牌了。

徒劳的威利停下来检查做庄计划的可行性，结论是在红心 3-3 分布时这么打没有危险。然后他就行动了，打出♡A、♡K 和第三张红心。目无余子先生在第三轮红心时垫掉了一张黑桃，命蹇时乖的专家赢进此轮。

命蹇时乖的专家早把局势分析透了。现在出一张将牌是毫无用处的，出牌权又会送回给庄家。此时打第四轮红心也无济于事，虽然同伴肯定可以对明手超将吃，但庄家会让明手垫去一张黑桃，此后明手可以将吃一墩黑桃。他之所以知道这些后续发展趋势，是因为庄家将吃过草花，这就让他算清了整手牌的牌型。除非徒劳的威利拿着外面所有的将牌——这样的话根本没什么希望了——他的牌型必须是2-4-7-0。因为他需要保持出牌权以便打出第四轮红心，命蹇时乖的专家抽出♠Q放到桌上。正如他所料，这张牌吃到了，在接下来所出的第四轮红心上，目无余子先生用◇9超将吃了明手，拿到了宝贵的宕墩。

结果：5◇宕一，双方都得0分(因为庄家有方块四个顶张大牌的100奖分)

亏损状况

东西方损失了700分(5◇打成的700分，包括100大牌奖分)；由于5◇是能够打成的，我就放过4♡不加责备了。

徒劳的威利确实很不走运。他的打牌路线在许多防家那里都能成功。原本目无余子先生拿着♠KQ的机会也是很大的，这样，命蹇时乖的专家也就无法在桌上打出那么精妙的防守了。但徒劳的威利自己打了一轮草花肯定是错的，因为它毫无收益，反而帮助命蹇时乖的专家算清了牌型。要注意，如果目无余子先生在第一墩黑桃时打出奇数张信号，同伴也能算清牌型。

打了一轮草花还不是致命的错误。我认为徒劳的威利应该能打成这个定约，你看出该怎么打了么？这不是什么特别费劲的残局打法。他只要先放掉第一轮而不是第三轮红心就行了。这样，他再次获得出牌权时，清掉目无余子先生的将牌后再继续出红心。

第三盘,第 3 副

北发牌

南北有局

	♠9 5 ♡J 8 7 5 4 2 ◇J 6 5 3 ♣4	
♠10 6 2 ♡6 ◇10 4 2 ♣K J 9 8 6 3	N W E S	♠Q J 8 3 ♡K Q 10 ◇A K Q 8 7 ♣2
	♠A K 7 4 ♡A 9 3 ◇9 ♣A Q 10 7 5	

西	北	东	南
徒劳的威利	命蹇时乖的专家	古根海姆太太	目无余子先生
	不叫	1◇	2♣[1]
不叫	不叫	2◇[2]	2♠[3]
不叫[4]	3♣[5]	不叫[6]	不叫
加倍[7]	全不叫		

1. 目无余子先生是不是现代杂志看得太多了？早先，几乎所有人拿这手牌都叫加倍。现在的一些专家不遗余力地用五张套争叫，准备在下一轮时再叫加倍。有个专家评判组拿到这样一个问题，**5-4-4-0** 牌型，上家开叫你的缺门花色，他们竟然以微弱多数投票通过了争叫。其中一位持不同意见者，顶尖的盘式桥牌高手弗莱迪·诺斯和我的看法相同，这是教科书式的技术性加倍。评判组的一位专家说，他不愿意先加倍再叫五张套，认为这会过度强调五张套了。

对于他所说的最后一点我是赞同的。如果你拿着 **5-4-4-0** 而敌方一再叫你缺门的花色，要采取行动的话你就再次加倍。

回到目无余子先生实际的这手牌上来，叫 **2♣** 确实有些道理。首先，它阻止了徒劳的威利在一阶应叫。其次，如果最后是由同伴首攻，你希望他首攻草花。但依我看，这些理由还没有好到足以让目无余子先生直接争叫2♣的程度。拿着这么强的一手牌，最后不太可能是由同伴做首攻，你也不必担心敌方会找到一个高花配合。而让我担心的是己方会错过某个高花的配合。这手牌对于黑桃和红心都有很好的支持。如果2♣买单成为最终定约，但最后发现我们本可轻松地在其他花色里打成一局，是会让我悔恨不已的。拿着5-4-3-1牌型，敌方开叫我单张花色时我掌握一条简单的原则。只要这手牌的牌力符合技术性加倍的要求我就叫加倍，除非五张的是高花而四张的是一门低花。

2. 对技术性加倍病态的恐惧症传播得很厉害，古根海姆太太简单地再叫了她的长套。虽然方块是她最长的套，而且这个套里大牌很丰满，但这都是同伴从她开叫的1◇中了解过的。要是叫一声加倍，她就给了同伴在三门花色里选择定约的机会——她自己对这三门花色都很喜欢，而且还保留着同伴有草花长度时惩罚敌方的机会。这回，是专家评判组全票赞成加倍的时刻。

3. 但目无余子先生还是不肯叫加倍！看样子没人告诉过他，5-4-3-1更符合三套牌而不是双套牌。从大体上说，对他第一个叫品的评论也适用于他的第二个叫品。他的牌适合于打三门花色并且在同伴乐于惩罚敌方时，也可以防守。

4. 徒劳的威利想过要竞叫3◇。他认为叫牌会停在2♠上。也许他不相信古根海姆太太叫牌所表示的六张方块。更有可能的是，他根本不想由她来主打这手牌。

5. 命蹇时乖的专家对这个叫牌进程厌恶透了。他本来要在还没人加倍前先不叫。他又考虑了一下，如果目无余子先生有六张或七张草花，却打上了一个4-2配合会怎么说呢？目无余子先生的草花肯定长于黑桃，说不定还多几张呢。

6. 古根海姆太太认为她已经叫足了。由于我对她前一个叫品不赞同，对这个行动我无法加以评论。

7. 徒劳的威利简直不敢相信这样的好运会从天而降。这肯定是个大丰收的加倍。

打牌

徒劳的威利可能应该首攻他的单张红心。拿着这么多将牌，总有被将牌投入的危险。但他选择了攻同伴的花色，◇2 落到了桌上。

目无余子先生看到明手牌时比旁人想象的要冷静多了。他准备好了，回头再质问命蹇时乖的专家为什么不逃叫 3♡。

古根海姆太太用◇Q 赢进了第一墩牌。对她而言，这像是个单张。她这套叫了两次，而同伴根本没理她，是吧？古根海姆太太继续兑现◇A。

但她并没有吃到，因为目无余子先生将吃了第二墩方块。他飞快地打了三轮黑桃，明手将吃第三轮。目无余子先生没有注意到徒劳的威利在第二轮方块上出的是什么，他也不在乎。不管是什么，一定比◇2 大，这样他肯定还有第三张方块。目无余子先生从明手打出一张方块，自己将吃了。他已经吃到五墩牌了——到目前为止，一切顺利。他又兑现了♡A，这是第六墩。手里拿着♣AQ10，显然他希望由别人来出这门花色。他用一张红心脱手。徒劳的威利只好将吃掉同伴的红心赢墩，并对着目无余子先生的间张回出一张将牌。

由于他第一次红心脱手获得了成功，目无余子先生又重复进行了一次。徒劳的威利又一次将吃了同伴的红心赢墩并出了张将牌。目无余子先生咯咯地笑着，用♣Q 吃进了这墩。然后他兑现了♣A，又把♠7 举起来晃来晃去的，看看是不是大了。不行，徒劳的威利还有一张将牌呢。

结果：有局方的 3♣加倍打成：南北方得 670 分

事后剖析

目无余子先生纵声大笑了。

"真是无法相信！"徒劳的威利大叫着："同伴叫了两次牌，我还拿着 KJ10××× 的将牌，他们的定约居然打成了。"

"是 KJ98××，"命蹇时乖的专家纠正了他。

“我打的有什么问题吗？”古根海姆太太小心翼翼地问，她还在费劲地算分呢。

希望用不着命蹇时乖的专家或徒劳的威利解释你也看出来了。她应该在第二墩时回张将牌。每当你认为同伴拿着长套的间张将牌坐在庄家后面时，你就要考虑出将牌。明手的双张黑桃也是要出将牌的一个理由。继续出方块简直就是犯罪。转攻将牌后，目无余子先生只能吃到自己手里的三墩将牌而明手那墩就吃不到了——请读者自己去研究细节吧。这是三墩的区别-800分罚分，而不是损失670分。

亏损状况

东西方损失1470分

我希望能够判定目无余子先生付出2♡打成（或3♢宕一）与800分之间的差别。这样，也许他就能改改叫牌的毛病了！

第三盘,第 4 副

东发牌

双方有局

	北	
	♠6 5 ♡J 8 7 6 2 ◇Q 9 4 ♣K 8 2	
西 ♠A J 7 ♡A Q 3 ◇A K 10 6 5 ♣Q 9		**东** ♠K 9 8 ♡K 9 4 ◇J 8 3 ♣10 6 5 3
	♠Q 10 4 3 2 ♡10 5 ◇7 2 ♣A J 7 4	
	南	

西	北	东	南
徒劳的威利	命蹇时乖的专家	古根海姆太太	目无余子先生
		不叫	不叫
1◇[1]	不叫	1NT	不叫
3NT[2]	全不叫		

1. 徒劳的威利为什么不开叫明显的 2NT 呢?他是不是把双张 Q 减去了 1 点,却忘了为他的好五张套加上 1 点?如果跟我怀疑的一样,他不喜欢开叫 2NT 是因为缺少一个确定的草花止张,那他只不过是为下一轮叫牌储备问题。假设古根海姆太太应叫的是 1♡或 1♠。如果他再叫 2NT,就是个低叫。更要命的是,他们现在叫出了两门花色,增加了草花首攻的危险。如果他再叫 3NT,会出现同样的问题并且他夸大了自己的方块套牌力。假如同伴应叫的是 1♠,徒劳的威利可能准备叫出虚假的 2♡逆叫,但如果同伴应叫的是 1♡,他再叫什么呢?
2. 徒劳的威利真够走运的。古根海姆太太做出了唯一让他可以轻松再叫的应叫。注意,这又显示了徒劳的威利开叫选择上的另一个缺陷。一般说来,你不希望把强牌摊在桌上,这会让防守方更容易判断局势。使这个错误复杂化的是,拿着弱牌的人还是个糟糕的庄家,比如古根海姆太太。

打牌

目无余子先生的首攻没费什么劲。他把最长、最强套的第四张，♠3 扔到了桌上。

古根海姆太太在明手摊出牌的时候眼睛眯了起来——20 点——多好的牌啊！首攻也这么友好，她让明手出小，自己轻松地吃进。第二墩时，古根海姆太太打出◇J 飞了过去。虽然她的出法错了，至少她打对了花色。当然，她应该从手里出小，以预防目无余子拿着单张◇Q。她是否应该出小给◇A 以预防另一边拿着单张 Q 就不那么好说了。庄家需要用她的某张 K 回手再做第二轮飞牌。如果飞丢了，这样会增加换攻草花的风险。我对古根海姆太太会想到这一点深表怀疑。她想飞牌，出牌权又刚好落在了进行飞牌的一边，就飞了。按照实际的分布，她的打法也没造成什么区别。无论她怎么打，命蹇时乖的专家总会拿到一墩方块。

命蹇时乖的专家迅速地审视了一下局势。由于所有的飞牌结构都对庄家有利，她肯定有两墩到三墩黑桃，两墩或三墩红心以及肯定的四墩方块。也就是说，防守方必须要马上兑现四个赢墩。

假如目无余子先生拿着♣AJ10×，出哪一张草花都无所谓。为了应付较弱的结构♣AJ7×，命蹇时乖的专家干净利索地解封了♣8。古根海姆太太跟小，目无余子先生用♣A 吃进。但目无余子先生以为♣8 是表示对草花没什么兴趣，而如果同伴在黑花色里没什么牌力，也许他在红心里该有些东西。看啊，他换攻了♡10！

定约现在就非常简单了。古根海姆太太兑现了她所有的赢张，得到了一个超额赢墩。

结果：3NT 超一，东西方得 630 分

亏损状况

南北方损失 730 分

假如目无余子先生花点时间计算一下庄家的赢墩，就能算出来唯一的希望只能是同伴拿着♣K 并回出♣4。此后他的♣J7 可以让他再拿到两墩。如果古根海姆太太拿着♣K,她就有四墩方块,三墩黑桃,♡A 和至少一墩草花。

普通水平防家的头号错误大概就是疏于计算了。要想多赢，你必须努力去计算。在这副牌上,计算是很简单的事,因为明手有这么多大牌。但目无余子先生就是懒得算。他随意地扫一眼同伴打出的牌就迅速地得出结论。大家有时都会犯懒惰的错误,但是,懒惰是不能让我们成功的。与生活中大多数事情一样，付出的越多,收获就越多。

* * * *

“上桌打牌啦！”徒劳的威利大声喊着。

目无余子先生哼了一声:“没别人,这里就我们几个。”

徒劳的威利把手举向头顶,“还是咱们打吧。”

目无余子先生重新装填着他的烟斗。“又轮到咱俩打了,对吧？”

徒劳的威利起身跟命蹇时乖的专家换了座位。

第四盘，第 1 副

南发牌

双方无局

	♠K J 9 8 5 ♡8 5 ◇A 10 6 2 ♣8 6	
♠A 10 7 4 3 ♡6 ◇Q 8 7 5 ♣Q 10 4	N W E S	♠6 2 ♡A K J 7 4 2 ◇— ♣A K J 9 2
	♠Q ♡Q 10 9 3 ◇K J 9 4 3 ♣7 5 3	

西	北	东	南
命蹇时乖的专家	徒劳的威利	古根海姆太太	目无余子先生
			不叫
不叫	不叫[1]	1♡	不叫
1♠	不叫	3♣[2]	不叫
3NT	不叫	4♣[3]	不叫
4♠[4]	加倍[5]	不叫[6]	不叫
再加倍[7]	不叫	不叫[8]	不叫

1. 在第三家位置上开叫弱二黑桃是很有效果的。这手牌可能属于敌方，你需要剥夺他们的叫牌空间，并在同伴首攻时鼓励他首攻黑桃。但徒劳的威利却另有主意。
2. 这是正确的再叫。很久以前，有些牌手过滥地使用了跳再叫。但现在风向转变了。

　　出于某些考虑，许多现代作家一再强调尽量保持叫牌在较低阶数进行的重要性。你同样也要考虑，如果开叫人用很强的牌做简单再叫给应叫人所带来的压力。这手牌在同伴拿着没有什么大牌点的 **4-2-3-4** 或者 **5-2-2-4** 的牌时都有可能打成局。如果同伴能提供稍多于一墩黑桃的帮助并且对你某门花色有点配合，满贯就值得一打。再叫 **2♣** 的话对这手牌的描述是很糟糕的。面对 **2♣** 再叫，同伴永远不会想到你拿着三门花色的第一轮和第二轮控制，并且是一手只有四个输张的牌。前面对一个专家评判组说了些不敬的话，这里我要高兴地跟大家报告，在最近一次有多个高水平队伍参加的队式赛中，所有四位拿着类似东家这手牌的专家都跳叫了新花色。

3. 自己的两个长套共有十一张牌并且在一门未叫过的花色为缺门，就不难解释古根海姆太太为什么不喜欢当3NT定约的明手了。没错，我承认在这个叫牌进程中，同伴有可能拿着四张黑桃和更长的方块，这样的话，3NT也许是最佳的定约。尽管如此，只要面对的不是最恐怖的分布，她的某个长套还是值得一打的。

4. 命蹇时乖的专家做出了个聪明的叫品，预先的扣叫，同意以草花做将牌并显示黑桃的控制。逻辑上看这不可能是要打黑桃定约的试探：如果面对红心-草花双套，他的黑桃是可打的套，他就应该在前一轮时叫出来。现在她已经描述了更加明显的双套牌，他的黑桃就不可能当作将牌来打了。悲惨的是，一个聪明的叫品用在古根海姆太太身上就相当愚蠢了。她只使用黑木或者戈伯来寻求满贯，控制扣叫在她参加的任何课程中都不曾出现过。

5. 徒劳的威利认为这手牌最终会由同伴首攻，就用加倍来指示黑桃首攻。他希望能先在第一墩建立起♠K，以后再吃到♢A。面对古根海姆太太所宣称的牌型，这想法未免有点太乐观了。至少我是这么认为的。但今天他的好运来了。

6. 古根海姆太太已经搞不清楚牌桌上究竟发生了什么，于是就不叫，交由同伴自己去处理。他从来没支持过自己的长套，对吧？

7. 很多好牌手现在都使用一种扣叫机制，被称作意大利式或者多功能扣叫。这种低于4NT的扣叫显示的是所叫花色的第一轮或者第二轮控制。因此，命蹇时乖的专家用再加倍来确认自己拿着的是第一轮控制。

8. 这个再加倍让古根海姆太太吃了一惊。从她前面的叫牌来看，她简直不可能拿着更适合打黑桃定约的牌了。怎么说的，她差点自己就叫再加倍了。

打牌

“由我首攻？”徒劳的威利兴致勃勃地问。

命蹇时乖的专家痛苦地语塞了，无法回答。

“对呀，”古根海姆太太欢快地接茬了。

威利把♢A出到了桌上。命蹇时乖的专家查看着明手的牌：情况还不是最糟糕的。这个定约还能凑合着打。他让明手将吃，用♣10回手，又将吃了一张方块。然后他用♣Q回手，打出了♠A。当目无余子先生的♠Q掉出来时，他停下来分析局势。

命蹇时乖的专家知道无论如何也不能指望黑桃3-3分布了，♠Q掉出来之后就更不可能了。不过，如果黑桃4-2分布他还有一线生机。在失去出牌权之前，如果他能垫掉手里两个剩下的方块输张，就能把输墩控制在三个将牌之内。要想把两张方块都垫掉，需要徒劳的威利拿着♡Q×或♡Q××。打定主意后，他出了一张红心，明手上♡J。

目无余子先生用♡Q吃进，然后兑现♢K，想起徒劳的威利在草花中打的大-小信号，出了张草花。徒劳的威利将吃之后，还可以拿到三墩将牌。

结果：4♠再加倍宕三，南北方得1000分

事后剖析

徒劳的威利注意到，要是首攻一张小方块，也许会打成宕四，但意识到这也太不厚道了，就没开口。命蹇时乖的专家遭受了巨大打击，一时说不出话来。还是古根海姆太太打破了沉寂。“这是多少分啊？”

目无余子先生等着这一问已经多时了。“我认为，刚刚好是一千分。”他放声大笑。

亏损状况

东家如果是个像样的庄家，最佳定约是 6♣。庄家让明手将吃两次红心就能打成。

为方便起见，把这手牌再展示一下：

西	北 / 南	东
	♠K J 9 8 5 ♡8 5 ◇A 10 6 2 ♣8 6	
♠A 10 7 4 3 ♡6 ◇Q 8 7 5 ♣Q 10 4	N W E S	♠6 2 ♡A K J 7 4 2 ◇— ♣A K J 9 2
	♠Q ♡Q 10 9 3 ◇K J 9 4 3 ♣7 5 3	

以牌张的实际分布，有两条路线可以打成 6♣定约。一条是先兑现两个红心顶张，再大将吃第三轮和第四轮红心。另一条是只兑现一个顶张，然后安全地将吃两轮。考虑到古根海姆太太的能力，认为最佳定约为 5♣就是非常合乎情理的了。我们假设没有超墩的话，损失应该“仅仅”估为 1400 分(400 分加上 1000 分)。

顺便提一句，读者们笑过之后，也许以为这种事只会发生在命蹇时乖的专家之类牌手身上。如果这样的话，我要让你们吃惊了，一对顶尖的意大利牌手也遭遇了类似的灾难。事实上，他们刚好碰到了相反的情况。一位牌手叫出了 4♠，把它当作可以打的定约，但其同伴将 4♠当作是一个扣叫，并直接跳到了根本没法打的 6♣。由于我对他们的约定缺乏了解，无法评判谁对谁错。我所能够断定的就是，对于不清晰的叫品，约定好逼叫与否也许就可避免他们在赛场上出洋相。

第四盘,第2副

西发牌

东西有局

北：
♠K 9
♡K 4
◇K 9 8 6 5 4 2
♣9 5

西：
♠10 8 3 2
♡J 10 3
◇J
♣A K Q J 4

东：
♠Q 7 5
♡A 9 8 7 2
◇A Q 3
♣7 6

南：
♠A J 6 4
♡Q 6 5
◇10 7
♣10 8 3 2

西	北	东	南
命蹇时乖的专家	徒劳的威利	古根海姆太太	目无余子先生
1♣	3◇[1]	3♡[2]	不叫
4♡	全不叫		

1. 虽然7-2-2-2的牌型不够理想而且长套里还应该再有些大牌,我还是同意徒劳的威利做出的阻击叫。被剥夺了几阶叫牌空间后,大多数对手都不太可能叫到最佳定约。
2. 拿着方块的双止张和缺少大牌的红心套,专家级牌手会选择叫3NT的。当然了,古根海姆太太的所有搭档都在教导她要尽量避免叫无将!

打牌

目无余子先生首攻◇10,◇J、◇K和◇A依次盖打。古根海姆太太数了数她的输张——将牌里有一个或两个,黑桃上也许有三个。她没有算上她的小方块;她知道这是可以让明手将吃的。可是,四个输张还是太多了。她停下来要做个计划——走上正轨了,古根海姆太太。她能够用第三轮草花垫掉一张黑桃吗?她打了张草花给♣2、♣A和♣9,然后继续打出♣K和♣Q。但威利用♡4将吃。

“我的天呀！”古根海姆太太喊着，只好用♡7 超将吃。

徒劳的威利抬头看了一眼目无余子先生。看来，目无余子本应该以四张牌打出个温和的大-小信号来。

古根海姆太太觉得，处理方块输张的时机已经到了。她打出了♢3，明手将吃。如果她现在再打一张草花，威利肯定还要将吃。因此她决定用这个进手飞一次将牌。威利用♡K 盖打了♡J，♡A 吃进。

古根海姆太太研究怎样才能避免丢失三墩黑桃。出牌权要是在明手就好了。她想到了个办法：如果让明手将吃她的方块赢张就可以打出第四轮草花了。也许徒劳的威利这回没有将牌，就不能将吃了。

当古根海姆太太准备把她的机会付诸实施时，目无余子先生以两次漂亮的出牌补偿了他前面在草花套中错误的张数打法。

	♠K 9 ♡— ♢8 6 5 4 2 ♣—	
♠10 8 3 2 ♡10 ♢— ♣J 4	N W E S	♠Q 7 5 ♡9 8 2 ♢Q ♣—
	♠A J 6 4 ♡Q 6 ♢— ♣8	

他用大将牌♡Q 将吃了♢Q，然后从♠A 下出小。徒劳的威利用♠K 吃进后，回出一张黑桃，击败了定约。

结果：4♡宕一，南北方得 100 分

事后剖析

目无余子先生的大笑声比以往更响亮了。

但徒劳的威利没有感到丝毫的欢乐。他坚信，拿着♣10832，目无余子先生应该在第一轮草花时出♣8。

徒劳的威利这样想是有道理的。太多的牌手都会懒洋洋地跟♣3，而他们完全可以跟出♣8来。很少有人会像目无余子先生这样懒惰，永远忽视能打出偶数张信号的机会！

亏损状况

东西方损失了 720 分(打成 4♡的 620 分加上失去的 100 分)

徒劳的威利小将吃第三轮草花时，古根海姆太太有个可以成功的打法。她要兑现掉♡A 后再将吃一墩方块。这样，徒劳的威利就没有办法将吃第四轮草花了。

但防家不应该给她这个表演的机会。如果徒劳的威利在第三轮草花时用♡K 大将吃，古根海姆太太就无法打成定约。她必须♡A 超将吃，否则就要损失两墩将牌。她这时可以通过将吃方块进入明手，但威利手里还有一张小将牌来对付第四轮草花。对抗一个够水平的庄家，北家应当能从做庄路线中看出草花的局势。有谁会在明手拿着五张，自己手里有三张的时候连打三轮大草花呢？因为那样的话某个防家肯定没有了。碰到古根海姆太太，从同伴的信号中获取信息要比从她的打牌路线中得出的推断更为有效——但这次不一样了。

3NT 是我所建议古根海姆太太要叫的定约，这样的话打起来就简单多了。由于徒劳的威利拿着双张♡K，从明手出一次红心就能把这个套做好。

第四盘,第 3 副

北发牌

南北有局

	北	
	♠A 10 9 8 2 ♡9 6 2 ◇A Q 3 ♣J 8	
♠Q 7 6 5 3 ♡3 ◇8 7 6 5 4 ♣7 6	N W E S	♠K ♡A K J 8 5 ◇9 2 ♣Q 10 9 5 2
	♠J 4 ♡Q 10 7 4 ◇K J 10 ♣A K 4 3	

西	北	东	南
命蹇时乖的专家	徒劳的威利	古根海姆太太	目无余子先生
	不叫[1]	1♡	不叫[2]
不叫	1♠	2♣[3]	3NT[4]
全不叫			

1. 如果目无余子先生拿着这手牌他可能就要开叫了。他会忽略掉一些不利因素,比如双张的♣J 不值 1 点。使用罗恩·克林格的 HLQT 算法(大牌,长度和快速赢墩),我认为这手牌有 11 个大牌点(♠1098 肯定可以补偿♣J 的不足),8 个长度点(最长套的五张和次长套的三张)及两个半防守赢墩,总数为 21.5。由于克林格建议在有局时开叫要有 22 才行(无局时可以是 21 或 21.5),因此这手牌不太值得开叫。我必须承认,我在无局方时也不是一味地轻开叫的。

   就这手牌而言,在级别最高的花色,黑桃里有长度,还有不错的防守牌力,为什么要急着开叫呢?假如你使用简单但不那么准确的 20 法则(伯根),这手牌也不够开叫:11 个大牌点和 8 个长套点。无论如何,和目无余子先生打牌,你都不必勉强开叫。因为他总会把自己的牌力叫足的!

2. 目无余子先生其实是非常想争叫 1NT 的,他认为自己的两张 10 会增值的。

3. 古根海姆太太采取了勇敢的行动。她知道谁是有局方。

4. 目无余子先生要补足他前面的不叫了。因为他不可能有再多的牌力，他直接跳叫3NT进局。但他忽视了同伴也许已经叫出他部分牌力这样的事实——同伴可能已经把他手里一张K的价值放在平衡叫里面了；而且目无余子先生还忘了，同伴作为第一家是没开叫的。徒劳的威利完全有可能拿着类似前面他加倍4♠的牌(拿着♠KJ9××和旁门的一个A，如果你还记得的话)。这样的话，有谁愿意用8点牌对着14点牌打3NT定约呢？如果争辩说“他肯定不会有更多的牌力了”，就好像作为北家作为发牌人拿着11点牌时不开叫，下家的1NT转过来之后，却突然冒出个加倍，因为同伴“肯定会有些点的”！是的，他一定有……但可能不超过5个点！

还有另外一个问题。拿着古根海姆太太长套中的牌力，并认为自己一方的牌力较强时，他应该寻求惩罚。进局是不能确定的，但罚分很有可能超过最佳定约的分数。古根海姆太太声名远扬的做庄能力(啊哈！)又是一个应该加倍而不要叫牌的理由。

打牌

命蹇时乖的专家首攻♣7——相比较而言，他对草花的兴趣略大于红心。

“谢谢你，搭档，”目无余子先生说道，他确实应该道谢。明手的牌已经好到极致了。

目无余子先生让明手出♣J。古根海姆太太用♣Q盖打，他忍让一墩。对他来说，这是明智之举。古根海姆太太作为防家领出，是庄家求之不得的好机会。但这次古根海姆太太没犯错误。看到如果木呆呆地回出长四就会让明手便宜地吃到一墩，她回出的是♣10。目无余子先生用♣A吃进。

“倒霉的事总不能都堆在我脑袋上吧，”目无余子先生口中念念有词。

目无余子先生打出♠J，并在命蹇时乖的专家跟小时飞了过去。古根海姆太太吃进后又有些恍惚了。很明显，她搞不清她的♣9和♣5是否已经是等值张，可以顶出庄家所剩的草花大牌了。忽然，一条明路浮现在她脑子里：如果她转攻♡K

(第一墩之后,从 A-K 结构中你通常应该出 K),她可以组合自己的机会。

命蹇时乖的专家如果希望她继续出红心可以鼓励，如果他想要她转攻草花可以不鼓励。命运女神这次偏爱防家,命蹇时乖的专家的单张红心是♡3,这让防家获得了正确的信息。古根海姆太太打出♣5,看见♣K 被顶出来时露出了微笑。目无余子先生再次飞黑桃,结果喜忧参半。好消息是命蹇时乖的专家拿着♠Q,飞牌成功了。坏消息是古根海姆太太示缺了。

目无余子先生吸着他的烟斗。如果他送一墩黑桃给♠Q 就可以拿到八墩牌:三墩黑桃、三墩方块和两墩草花。不过他看到如果他试打红心则有可能得到九墩牌,准备用♡10 飞,从而拿到两墩黑桃,两墩红心,三墩方块和两墩草花。另一个有利因素就是打红心时也许古根海姆太太会犯错。但这次古根海姆太太没有犯错,她扑上了♡A,然后兑现了♣9,最后神气十足地拿出了♣2。

结果:3NT 宕二,东西方得 200 分

事后剖析

“你们说宕二吗?”古根海姆太太问。“我肯定是数错墩了。搭档,你吃到一墩了吧?”

命蹇时乖的专家竟然难得地露出了微笑,他摇摇头。“全是你拿到的,亲爱的。”

“我就知道我 5-5 的牌型很厉害。我刚刚看了克林格的书。他说的是拿着 6-4 套时要再叫一次。5-5 跟 6-4 没什么区别,对吧?”

命蹇时乖的专家点了点头,愉快地哼起小曲。

徒劳的威利对这些毫无兴趣。“你就非得叫 3NT 么?我不过是简单争叫而已。”

“你说什么呢?”目无余子先生这就不爱听了,“我只叫我认为能够打成的定约。不过是运气差了点。我怎么能猜出来♠K 是单张?”

“如果我有这么大胆叫到局，”命蹇时乖的专家插话了，“谁也不知道我有没有，也许就要按照单张大牌来打，因为这是唯一的机会。按照我有四张带 K 或者 Q 来打是没有用处的。你可以飞两次，但是你都只能拿到两个黑桃快墩。既然你从我同伴的叫牌，和我的没有叫过牌中已经得知我不可能拿着 K-Q，单张 K 或者 Q 就是眼下你最好的机会了。”

亏损状况

南北方损失 800 分(打成 3NT 的 600 分加上他们丢掉的 200 分)

值得一提的是，加倍古根海姆太太的 2♣可以打宕两墩。防家需要动将牌以防止庄家让明手将吃红心。这样防守可以让她很容易拿到三墩草花和两墩红心。她还可以得到一墩长红心或者♠Q，罚分可以达到 300 分。因此，出于意外而不是精心的设计，目无余子先生在这种情况和牌张分布下叫到了最佳定约。

假如目无余子先生先打一轮方块，看到古根海姆太太跟出后，他就能确定她不可能拿着♠K××或者♠Q××。拿着低限牌力，两个长套一共只有九张牌时她肯定不会再叫 2♣了。

第四盘,第 4 副

东发牌

双方有局

西		东
	♠K Q 9 8 2 ♡10 6 3 ◇Q 8 4 ♣K 4	
♠J 6 3 ♡A K J ◇A 10 ♣J 9 7 5 3	N W E S	♠A 10 5 ♡Q 8 ◇K 9 6 3 ♣Q 10 6 2
	♠7 4 ♡9 7 5 4 2 ◇J 7 5 2 ♣A 8	

西	北	东	南
命蹇时乖的专家	徒劳的威利	古根海姆太太	目无余子先生
		不叫	不叫
1♣	1♠	2NT[1]	不叫
3NT[2]	全不叫		

1. 古根海姆太太克服了她往日对叫无将的恐惧。
2. 命蹇时乖的专家叫牌时很少会因同伴的做庄技巧而向下调整。如果非要调整的话,他更愿意将敌方的防守技能向上调整。

打牌

目无余子先生首攻♠7。连他都知道首攻同伴的套要比攻自己的套好。

古根海姆太太让明手放小,徒劳的威利出♠Q,♠A 吃进。古根海姆太太在回想她的老师对无将定约说过些什么。先要数你的快速赢墩,再找找看,有什么地方可做出你所需要的赢墩。她看到了六个现成的赢墩,并有可能在草花里再打出三墩来。打草花可能会给定约带来的危险她可一点都没有意识到。面对眼下的防家,她选择无视忧患的时机恰到好处。

古根海姆太太从手里打出了一张小草花，目无余子先生跟出了♣8。她让明手出♣J，徒劳的威利快速地挠了一下头，用♣K 吃进。徒劳的威利两眼紧盯着明手。看来他的同伴在草花上是有大牌的，因为即使古根海姆太太，她手里拿着♣AQ 的话也知道要去飞牌的。目无余子先生会不会拿着第三张黑桃，或者他在方块里有好的结构呢？徒劳的威利回想起在前一盘里，当他是明手时，命蹇时乖的专家换攻的♣8。这是同样的形势么？假如同伴拿着◇KJ7×，还有♣Q 作为进张，现在出◇8 不正是时候么？目无余子先生会从前面的错误里学到些什么吗？徒劳的威利把食指和中指交叉起来，打出了◇8。

古根海姆太太用◇A 捉住了◇J，再打一张草花给♣Q 和♣A。目无余子先生试着再出一张方块但无济于事。古根海姆太太用◇K 吃掉◇Q 之后就连出草花赢张，在第五轮草花上垫掉了一张黑桃。接下来又打了三轮红心。看来她忘了自己的◇9 已经打大了。但事实上，她的这个疏忽并没造成什么损失。徒劳的威利用♠K 进手时已经没有红心可出了，只好交出了最后一墩牌。

结果：3NT 超一，东西方得 630 分

事后剖析

“你总算把它打成了，搭档。”命蹇时乖的专家咬着牙说。

古根海姆太太笑得眼睛都眯起来了，“谢谢搭档帮我加叫。”她从来听不懂貌似恭维的讽刺挖苦。

亏损状况

整个打牌过程，恐怕除了徒劳的威利深思熟虑的换攻外，完全就是一场错误的闹剧。目无余子先生本应在第一轮草花时扑上♣A，趁着同伴还有一个进张时把黑桃套打通。所以我只能判定南北方损失 730 分:100 分是他们原本有机会得到的,加上丢掉的 630 分。当然了,他们更早的时候就犯错误了。

第一墩发生了什么?古根海姆太太在拿着 A 三张时一般会忍让,无论对错。但她这次为什么立刻就吃进了呢?原因很简单:她看到已经有两个黑桃挡张。但她忽略了如果忍让一次,她同样有两个黑桃挡张。叫牌和首攻都标明徒劳的威利拿着♠K 和♠Q。让过第一墩后,即使防家在草花上按照正确顺序吃进他们的大牌,定约也是可以完成的。那么,标准分数就是东-西方得 600 分了?还不是,徒劳的威利应该忍让第一墩,出黑桃小,希望他的同伴能有个快速进张。这样,庄家就无法阻止防守方拿到三墩黑桃和两墩草花。

* * * *

目无余子先生的眼睛在桌上扫了一下,看到另一副牌放在他下家的右边。这意味着该他洗牌了,也就是说又要换搭档了。他把目光移至古根海姆太太,吸一口他刚刚点着的烟斗时摆了一下脑袋。她明白了他的暗示,跟徒劳的威利互换了座位。

第五盘,第 1 副

南发牌

双方无局

	♠7 6 ♡9 7 4 2 ◇J 8 7 5 ♣9 6 4	
♠K 8 4 ♡K Q J 10 8 3 ◇— ♣J 7 5 3		♠10 9 2 ♡A 6 ◇A Q 9 4 3 ♣A K 2
	♠A Q J 5 3 ♡5 ◇K 10 6 2 ♣Q 10 8	

西	北	东	南
命蹇时乖的专家	古根海姆太太	徒劳的威利	目无余子先生
			1♠
2♡	不叫	2♠	不叫
3♡	不叫	5♡[1]	不叫
6♡[2]	全不叫		

1. 徒劳的威利终于拿到了一手好牌,这可是他期盼已久的。他暗自思索,要是打成个满贯,他大概就能平账了。虽然我可以赞同 4♣ 扣叫,但跳叫到 5♡ 确实有些过了。假如他前面的 2♠ 同意以红心为将牌,并表示了邀叫或更强的牌力,命蹇时乖的专家叫出的 3♡ 表示是争叫的低限牌。所以这手牌最多也就能表达一下温和的满贯试探。其实,他没有拿着几个快速的黑桃输张直接黑木问关键张,命蹇时乖的专家真该谢天谢地了。

2. 当敌方叫过一个花色而你方谁也没有承诺过在该花色中的控制时,自愿叫到五阶高花就是寻求这门花色的控制。常见的后续叫法是:没有控制就不叫;单张就叫六阶将牌;拿着 K 就叫 5NT;如果有第一轮控制就要扣叫。拿着方块缺门的牌,命蹇时乖的专家对 6NT 定约根本没兴趣,所以就叫上 6♡ 小满贯。

打牌

我们很难责备古根海姆太太首攻了一张黑桃,尽管叫牌标明敌方对这门花色是严阵以待的。

目无余子先生用♠A 吃进后回出了♠Q。天晓得,古根海姆太太没准是单张黑桃。命蹇时乖的专家只能扑上♠K,看到古根海姆太太跟出第二张黑桃时才大大地松了口气。下一步怎么打?他苦思良久。十墩牌是现成的,而第十一墩和十二墩看起来一时难以拿到。他试想了一下按目无余子先生拿着 5-1-5-2 的牌型来打。可以先动一轮将牌,两轮草花击落♣Q,然后让明手将吃第四轮草花。不过他有了个更好的想法。

命蹇时乖的专家用将牌进到明手后从桌上出了张小方块。如果目无余子先生拿着◇K 但没有◇J,也许他会扑上◇K。

目无余子先生想了片刻后出◇6,命蹇时乖的专家将吃。他严峻的面容略显温润了。他刚发现了什么?到底是什么呢?目无余子先生马上就知道了。庄家兑现了♡K,目无余子先生扔了一张黑桃;接下来是♡Q,东家和南家各垫一张黑桃。命蹇时乖的专家打出第四轮红心,清光了古根海姆太太最后一张将牌,打成了如下残局:

	♠— ♡9 ◇J 7 5 ♣9 6 4	
♠8 ♡J 10 ◇— ♣J 7 5 3	N W E S	♠— ♡— ◇A Q 9 4 ♣A K 2
	♠J ♡— ◇K 10 2 ♣Q 10 8	

明手垫掉一张小草花后,目无余子先生开始发呆了。古根海姆太太到底有没有第三张黑桃呢?他努力想回忆起她黑桃打的究竟是大-小还是小-大,但毫无结果。他只得决定稍后再来考虑是否要垫黑桃的事。方块的情况他很清楚:如果他垫

一张方块，庄家就可以用草花进入明手，一次将吃就把方块建立好了。这可是两墩的损失——♢Q 和第五张方块都变成赢张了。他否定了垫方块。谁都没有打过草花，所以这门花色很难看得清。假如庄家有♣J 或任何五张草花，他认为垫掉一张草花也要损失两墩。最后他只能垫掉黑桃了，这最多也就是一墩牌的损失而已。

可是命蹇时乖的专家打出了♠8。目无余子先生低声嘟囔着什么。别无选择的他只能垫掉一张草花，寄希望于同伴有♣J××。但事与愿违，庄家兑现了♣AK，♣Q 掉出来时他就摊牌了。“其实我的♢A 都多余了。”对于徒劳的威利来说，这样的结局验证了他叫牌很出色的自我评价。如果打牌结果证明赢墩很富裕，他肯定没做什么过分的冒叫！

结果：6♡打成，东西方得 1080 分（有大牌奖分 100 分）

事后剖析

“我就知道这牌有满贯，”徒劳的威利得意洋洋地说。“瞧啊，我感觉着你的将牌质量就很好。”

目无余子先生哼了一声：“除去将牌，这定约需要♠A 位置有利并且要求黑桃 5-2 分布，方块 4-4 分布以及草花 3-3 分布。多烂的满贯啊！”

亏损状况

没有损失，平账！

我根本不能责怪古根海姆太太这个不太走运的首攻。如果她首攻一张将牌，她很可能要出♡2（正常出法，除非你们在将牌里打花色选择信号，出小表示是偶数张将牌）。这会送给庄家所需要的进张出向♠K，并将吃方块以达到他所打出的残局。我的首攻第三选择是一张方块，也会造成同样的结果。

注意，目无余子先生忍让第一墩黑桃也没用。更有可能的是，这会让庄家的日子更好过。当南家只剩下一张黑桃的时候，庄家投出一张黑桃就会让他无路可走，用不着第二次紧逼了。

某些情况下，目无余子要是能平静地垫牌也许会有所帮助。但在此例中，只要命蹇时乖的专家决定打连续将吃紧逼，他就会对整手牌的牌型进行推理式的计算。为什么呢？他需要牌张分布符合他的设想。草花和方块的威胁张必须能直接提供两墩牌。假如目无余子先生原本只有三张方块，再将吃一次就很容易做大◇Q，但要产生第十二墩的紧逼就不存在了。同样，假如南家只有两张草花，♣Q虽然掉下来了，但由于明手缺乏进张，庄家无法通过紧逼拿到第十二墩。所以，由于目无余子先生必须有至少四张方块和三张草花，而他已经表明有五张黑桃和一张红心，他的牌型就只能是5-1-4-3。

第五盘,第2副

西发牌

东西有局

	♠J 9 6 ♡A Q 10 ◇10 5 4 ♣J 9 7 3	
♠10 3 ♡K 9 7 5 4 ◇A Q 9 7 ♣K 5	N W E S	♠A Q 7 5 2 ♡J 8 6 3 2 ◇— ♣10 6 2
	♠K 8 4 ♡— ◇K J 8 6 3 2 ♣A Q 8 4	

西	北	东	南
命蹇时乖的专家	古根海姆太太	徒劳的威利	目无余子先生
1♡	不叫	4♡[1]	5◇[2]
加倍[3]	不叫	5♡[4]	不叫
不叫	加倍[5]	全不叫	

1. 徒劳的威利展现出很好的判断力。有这么好的红心支持,他没必要表示黑桃套。
2. 叫牌轮到你时已经到了四阶,对谁来说都是不好处理的。这种局况下,谁也不会否认5◇加倍可能会是个便宜牺牲。但话说回来,如果同伴什么都没有,很可能会损失惨重。面对一手毫无价值的牌,也许你只能拿到六墩牌——搞不好只有五墩。再考虑到4♡有可能打宕——你有两个半防守赢墩且知道将牌的分布对他们是不利的——似乎不值得去冒这样的风险。

   假如你决意要采取行动,加倍会有更好的效果。假如同伴刚好拿着好的红心结构,你们可以防守。最差的情况无非是同伴叫4♠被人家加倍。此时,你还有叫出5◇的选择,比你直接叫出5◇也差不到哪去。
3. 虽然东家叫到了局,但这是通过阻击性叫品叫到的,因此不叫是不逼叫的。逼叫性不叫仅适用于你方显示过正常进局牌力之后。这个加倍表达的是积极要求防守,而不是缺乏对叫更高定约的兴趣。

4. 徒劳的威利彻底错了。是的，他拿着五张红心且没有方块，但他叫出的4♡已经表达了一手弱牌和好的将牌支持。事实上，他把自己的牌叫了两遍。他还应该知道，目无余子先生是在冒险行事。假如徒劳的威利在前面一轮叫的是1♠，现在叫出5♡是可以理解的；此时，他的五张支持对于同伴是个很大的意外，也许5◇加倍放过才是正确的。

5. 当一份大礼送到面前，连古根海姆太太也是不会拒绝的！

打牌

由于叫牌进程强烈地表示明手会没有方块，首攻别的花色理由是很充分的。古根海姆太太从来没有这样想过，她永远要出同伴的花色。这样攻牌很少会遭人责备。◇4 飞到了牌桌上。

命蹇时乖的专家吃到了◇A 和◇Q，垫去明手的两张草花。他看到，假如一切顺利的话，定约居然有机会打成。假如黑桃飞牌成功了，只要避免丢失两墩将牌就差不多了。他打了张黑桃给♠Q，飞丢了。目无余子兑现了♣A 后继续出草花。

命蹇时乖的专家从目无余子先生不愿意出将牌推测出他没有将牌，很快就摊牌承认宕二。

结果：5♡加倍宕二，南北方得 500 分

剖析

"我这个牌够加倍的，对吧？"古根海姆太太问。

"是的，叫得不错，"目无余子先生回答。"当然了，咱们首先非得把他们往上抬一阶。"

"你那个'非得'是没必要的吧。"命蹇时乖的专家冷冰冰地说。

"要是让我说的话，我觉得你有一半大牌都在他们的长套里，真够不幸的。"

徒劳的威利发言了。

“你听见我的加倍了。”

“是听见了,但你的加倍有可能是靠总体牌力而不是方块里的赢张啊。”

命蹇时乖的专家知道再把这个话题说下去已不会有什么结果了,“随你的便吧。”

亏损状况

东西方损失了1000分(输掉了500分而不是从5◇加倍中收获500分)。

倘若徒劳的威利能够让同伴的加倍成立，南北方就要遭受600分的损失(打败4♡的100分加上5◇加倍的500分的惩罚)。实际上,目无余子先生别扭的叫牌又得逞了。这的确引发了一个有趣的问题:四副一结算的牌局与常规盘式桥牌之间细微的策略差异。

如果你读过《你为何是牌桌上的输家》,就应该记得西蒙先生所说的,与古根海姆太太一起打的时候绝对不要做牺牲叫。他提供这条建议就是因为谁也不想跟差搭档多打几副牌。显然,这个理由在四副一结算的牌局里不适用,你无论如何都要和她一起打四副牌。在这种形式的牌局中,以牺牲叫来让她当明手比让她去做庄要安全得多。她做庄时要比防守时犯错误的可能性更大,让她主打加了倍的定约则风险最大。当她是你的对手而且有望成为主打的庄家时,千万不要做牺牲叫!

第五盘，第 3 副

北发牌

南北有局

	♠Q 5 2 ♡A ♢A J 9 7 5 2 ♣A Q 6	
♠A 4 3 ♡J 6 5 4 ♢K 8 6 ♣K 4 2	N W E S	♠10 9 7 6 ♡K 10 3 ♢Q 10 4 3 ♣5 3
	♠K J 8 ♡Q 9 8 7 2 ♢— ♣J 10 9 8 7	

西	北	东	南
命蹇时乖的专家	古根海姆太太	徒劳的威利	目无余子先生
	1♢	不叫	1♡
不叫	2♢[1]	不叫	2♡[2]
不叫	2NT[3]	不叫	3♣[4]
不叫	3NT[5]	不叫[6]	不叫
不叫[7]			

1. 古根海姆太太有点犯难了。她知道自己的牌比低限开叫强多了，但不想拿着这么差的套叫 3♢。她不能再叫 1NT 因为这否定了有额外牌力；她也不愿意拿着个单张跳叫 2NT。目无余子先生也许会叫他某个三张的花色。别人都会再叫 2NT。有个六张套的时候，多叫 1 个点没什么问题。

2. 如果我们忽视了涉及的牌手，这个叫品的牌风恐怕值得怀疑。

   北家再叫之前的犹豫使得她所叫的阶数和花色都蒙上了疑虑。如果花色有问题，这手牌的定约可能是属于方块之外的某个花色。此处，目无余子先生也许可以争辩说，当他的搭档乐于让自己主打的时候，他当然不想摊出空门将牌的明手牌了。好吧，总算是个说法。

3. 叫牌进程很符合古根海姆太太心意。现在有机会表达她的额外牌力而不会给出错误的牌型，或者夸大她主套的质量了。

4. 叫牌进程也很让目无余子先生满意。古根海姆太太的红心一定很短，而且，她没有再叫 1♠，说明她在草花里会有些张数。3♣ 应该是个好定约。

5. 上次和命蹇时乖的专家打牌时他怎么说来着？“三阶水平上出新花是逼叫的。”感觉到有义务再叫一次牌，古根海姆太太思考着她可以选择的叫品。拿着三张是不能加叫同伴的第二套的。她并不想再叫 3◇ 了，因为她的 2◇ 都被同伴改叫了。她也没有兴趣拿单张红心做假示选。在重重忧虑中，她叫了 3NT。

6. 徒劳的威利对这个叫牌进程很想加倍，但他的牌实在是太弱了。

7. 命蹇时乖的专家留意到了同伴短暂的犹豫，觉得这剥夺了他叫牌的权利。再者说，他也不怎么喜欢自己的方块结构，或者让徒劳的威利做出什么异想天开的首攻来。

打牌

徒劳的威利发现自己有个天然首攻：♠10。

古根海姆太太看到了两墩黑桃（人家的♠A 出过之后），两个红 A 和一墩草花。她看出来了，眼下最好的机会就是西家拿着♣K，取到五墩草花。

希望由明手获得出牌权来飞草花，她扑上了明手的♠J。吃到了，西家平静地跟小。她从明手拉起了♣J，西家再一次不动声色地跟小。她从手里抽出了♣Q，但又放了回去。没准她能应付草花中可能的阻塞，用黑桃进到明手。想得不错，古根海姆太太。♣J 吃到后，她再出一张草花给♣Q，然后拔掉♣A。徒劳的威利考虑再三，最后扔掉了♡3。

古根海姆太太打出一张小黑桃，徒劳的威利跟小。古根海姆太太感觉嗓子眼里似乎有团东西堵着，该出♠8 还是♠K 呢？此刻她回忆起♠J 吃进第一墩时，命蹇时乖的专家根本没表示出能赢进的意思来。于是她让明手出♠K，看见这墩牌被♠A 吃进后她的心都凉了。一张黑桃出了回来，她只能是自己手里吃进。此后，她只能再拿到两墩牌，她的两个红 A。防家吃到了两墩黑桃、三墩方块和一墩红心。

结果：3NT 宕二，东西方得 200 分

剖析

"防得漂亮，搭档，"徒劳的威利说。

"咱们俩总得有一个卖点力气吧，"命蹇时乖的专家回答时的态度比以往都愉悦。"打第二轮黑桃的时候，你抽错了牌还真让我担心呢。"

徒劳的威利脸上挂着笑容说："我是不小心。"

目无余子先生咳嗽起来了，我觉得那不是被他自己抽的烟呛着了。

亏损状况

南北方损失 800 分（丢掉了 200 分加上 3NT 打成的 600 分）

由于首攻标明了东家拿着♠10 和♠9，庄家可以确保明手的第二个进张。古根海姆太太本该扑上♠K，且不管是否被♠A 盖打，都从手里跟♠Q。现在，谁拿着♠A 以及东家在第二轮黑桃时是否会机敏地出♠9，都是无关紧要的了。

第五盘,第 4 副

东发牌

双方有局

	北	
	♠9 7 5 ♡J 7 6 4 3 ♢A 5 ♣A K 3	
西 ♠K 10 ♡10 ♢10 7 6 4 3 ♣Q J 10 7 4	N W E S	东 ♠J 8 6 4 3 2 ♡9 5 ♢K 9 ♣9 8 5
	南 ♠A Q ♡A K Q 8 2 ♢Q J 8 2 ♣6 2	

西	北	东	南
命蹇时乖的专家	古根海姆太太	徒劳的威利	目无余子先生
		不叫	1♡
不叫	4♡[1]	不叫	4NT[2]
不叫	5♡[3]	不叫	6♡[4]
全不叫			

1. 很久以前,古根海姆太太可以用 3♡ 作为逼叫性加叫。但现在 3♡ 都是限制性加叫,她就不知道该怎么办了。她知道自己这手牌比进局邀叫强多了。许多复式桥牌选手都使用某种约定叫来表示逼叫性加叫,杰可贝 2NT 是最流行的。古根海姆太太不会打这个约定叫,就算会,她此刻也忘记了。从一堆烂叫品里挑个最好的大概就只能是 2♣ 了。至少这能显示她的大牌位置并且是逼叫的。如果有个低限的满贯可打,草花的配合可能会相当重要。比如,对家拿着♡AK×××,♣QJ××和单张黑桃的话,6♡就会是个极好的满贯定约。

跳叫 4♡ 对这么好的将牌来说是对的,但对整手牌的牌力而言是错误的。那手徒劳的威利把命蹇时乖的专家的 1♡ 加叫到 4♡ 的牌才更像是这个叫品所描述的牌情。但是,如果没什么可打的满贯,她这样叫也没多大损失。

2. 古根海姆太太的跳加叫表示了好的将牌,但通常情况下最多也就10个大牌点——有些人的约定甚至更弱。这么看来,拿着目无余子先生这样的牌去做满贯试探确实很勉强。我要明确的是:即使要试探满贯,4NT也是个糟糕的选择。等一下,他手里还没有方块大牌。如果同伴回答有一个A,他一辈子都无法知道是否会有两个快速输墩。唯一合理的试探是4♠。
3. 古根海姆太太回答有两个A。
4. 目无余子先生的难题解决了——而且他根本没意识到可能出现的难题。既然同伴有两个A,哪门花色上也不会有两个快速输墩了。

打牌

命蹇时乖的专家选择了显而易见的♣Q首攻。

古根海姆太太笑眯眯地摊出了明手的牌。如果这个定约有问题,这可不是她的错。

目无余子先生抚摸着自己的下巴。“谢谢你,搭档——很好的满贯嘛。”

目无余子先生打牌从来都是直截了当的。他赢进了草花首攻,用♡AK清了两轮将牌后,出◇Q飞牌。徒劳的威利用◇K吃进后换攻黑桃。目无余子先生耸了耸肩,出♠Q。命蹇时乖的专家用♠K吃到。

目无余子先生摇摇头,嘀咕着:“今天真不是我打牌的日子。”

结果:6♡宕一,东西方得100分

事后剖析

“我叫得对吗?”古根海姆太太问。

目无余子先生点了点头。“对不起,我打不成这个定约。一切都不对劲。”

亏损状况

南北方损失了 1530 分(丢掉的 100 分加上 6♡打成的 1430 分)。

目无余子先生说对了。一切都不对劲——叫牌(我们已经讨论过了)以及他的做庄路线。清掉防家的将牌后,他应该兑现明手第二个草花赢张并将吃一墩草花,剥光这门花色。然后他就该打张方块给◇A,并朝着◇Q 出张方块。这样可确保只要东家有◇K 就能完成定约。如果他扑上◇K,庄家可以用◇QJ 垫去明手的两张黑桃。如果他忍让,东家就要抱着他的◇K 睡大觉了,庄家最多再丢一墩黑桃。

除了徒劳的威利刚好拿着◇K,读者能看出这样打的优势吗?首先,如果东家拿着◇109×,你就有机会在飞黑桃之前试打这个结构。当目无余子先生把牌飞到了东家,他知道人家一定要回出一张黑桃。这意味着他没有机会再去探查◇109能否会被打下来了。这只是我所建议的做庄路线的理由之一。

假如方块是 5-2 分布而且西家有◇K,用◇K 进手后他很可能就没有安全的脱手张了。如果他真拿着双张,就不得不出黑桃或者送你一个将吃垫牌。我们再来假设东家拿着◇9×或者◇10×。同样道理,西家无论出什么都摆脱不了失败的命运,因为出方块会为你建立起◇8。

在方块为 4-3 分布时,这种打法也有可能奏效,因为即使是命蹇时乖的专家也不能透视你的牌。如果他拿着♠K 和◇K10××或者◇K××,他就只能做猜断。如果他的同伴在前面的结构时拿着◇9××或后面的结构时有◇109××,他可以安全地以一张小方块脱手,以防南家拿着黑桃间张。反之,如果庄家拿着◇QJ9×和♠AJ 或♠A10,他就要回出一张黑桃。认定了西家拿着♣QJ 和♠K,也是按照东家有◇K 来打的理由之一,东家手里的空位更多。即使没有这一点,按照东家有◇K 来打的理由也是很充分的。

* * * *

目无余子先生又一次点起了他的烟斗。他的眼睛也被点亮了,因为他看到这次他的搭档要从古根海姆太太换成命蹇时乖的专家了。

第六盘，第 1 副

南发牌

双方无局

北：
♠Q 10 4
♡K
◇Q 8 6 3 2
♣A K J 10

西：
♠A K J 2
♡J 9 8 5 4 3
◇K
♣9 7

东：
♠8 6 5
♡Q 10 7 2
◇A J 10 7 5
♣Q

南：
♠9 7 3
♡A 6
◇9 4
♣8 6 5 4 3 2

西	北	东	南
古根海姆太太	命蹇时乖的专家	徒劳的威利	目无余子先生
			不叫[1]
1♡	加倍[2]	2NT[3]	3♣[4]
4♡[5]	不叫[6]	不叫	不叫[6]

1. 即使是目无余子先生，他开叫 3♣的低限都高于这手牌。
2. 这是正确的。对 1♡的技术性加倍并不保证有四张黑桃支持。这个行动远比争叫 2◇或者 2NT 好得多。
3. 虽然对面坐着的是古根海姆太太，阻击性加叫 3♡恐怕也太过小心谨慎了。有些人甚至会拿这手牌叫出 4♡。当今，有些人对这手牌的选择是配合显示叫 3◇。当然了，古根海姆太太是不可能了解这个叫品的。2NT，表示限制性加叫或更好的牌，是教课书上的叫法，也是徒劳的威利最终选定的叫品。
4. 拿着一个 A 和一个六张套，目无余子先生很高兴同伴邀请他叫牌了。
5. 受到前面拿着 5-5 套成功牌例的鼓舞，古根海姆太太知道该怎么办。
6. 命蹇时乖的专家和目无余子先生都考虑过用 5♣牺牲。但是，在古根海姆太太马上要成为庄家时，再好的牺牲叫也不够诱人了！

打牌

命蹇时乖的专家首攻♣A。

“谢谢你，搭档。”古根海姆太太的语音稍稍有些颤抖。她今天怎么老是在做庄啊。“请出♣Q 吧。”

目无余子先生跟出了♣2，这张牌引起了命蹇时乖的专家的极大兴趣。因为目无余子先生有很多张草花，他的♣2 无疑是要求出方块的花色选择信号。于是命蹇时乖的专家换攻一张方块。古根海姆太太让明手放小，手里用◇K 吃进。

看到将吃草花并不是很着急的事情，古根海姆太太第二墩出了一张将牌。命蹇时乖的专家的♡K 吃进，他对整个局势了然于胸。目无余子先生的牌型像是 3-2-1-7。从他第一墩牌的信号看他肯定是没有方块了。他一定是拿着七张草花，不然庄家应该先将吃一轮草花再出将牌的。太幸运了，他不用去赌♠J 的位置了。如果他打出第二轮方块，同伴可以将吃后以一张黑桃脱手。紧逼也救不了庄家，因为她调光将牌后明手就没有进张了。

命蹇时乖的专家于是继续出方块◇8，这是他发出的花色选择信号，要求同伴回攻黑桃。古根海姆太太没犯错误，她让明手出◇J，垫掉了手里的一张黑桃。此后，即使是古根海姆太太也知道可以用◇A 垫掉♠J，然后让明手将吃一轮草花。

结果：4♡打成，东西方得 420 分

事后剖析

“多出色的假牌啊！”命蹇时乖的专家评论道，语调里又恢复了往日的尖刻。“打出了♣2 要求换攻方块，你也许可以诱骗庄家不要飞我可能持有的◇K，或者让她对进行方块的将吃飞牌。要不是庄家自己拿着◇K，你还真有可能把她绕进去了。”

目无余子先生摇着头，“我不过就是跟出这门花色而已。”

“跟出花色,你会吗?你的♣2连真实的张数信号都不对。你拿着的这门花色是偶数张。”

“我要是打出来了你想要的牌,你能出什么呢?”

“如果你打个中间号码的牌张,我就能读出你的黑桃和方块都没有大牌。因为我从叫牌中知道你不会在这两门花色上有什么牌力,你出中性牌一定是在表示两门花色都是弱牌。这种情况下,要想打败这个定约,你必须拿着一张大将牌。认定了你拿着将牌A,我就敢在第二墩时兑现我的♡K,然后用方块安全地脱手,静等你兑现♡A,最后再拿到我的♠Q。”

目无余子先生虽然点着头,但看得出来,他并没有完全信服。

亏损状况

南北方损失了470分(4♡宕一的50分加上损失的420分)

从理论上来说命蹇时乖的专家当然是对的。但是,他没有将牌手们的风格考虑进去。如果拿着AJ10××对着K×,古根海姆太太真有可能在第一轮方块放弃自由飞的机会吗?草花肯定是7-1分布的说法也让人心存疑虑。古根海姆太太这辈子从来都没有试过打一次投入。对于她没有将吃一次草花就开始出将牌的行为恐怕谁也揣摩不透。但作为庄家,要从目无余子先生的不叫中读到更多的信息。要真拿着七张套的草花和一张A的话,目无余子先生什么时候能抗拒无局方开叫3♣的诱惑啊?

第六盘,第 2 副

西发牌

东西有局

北：
♠5 4
♡9 7 6 5 3
◇Q 8 6 5
♣10 7

西：
♠A K J 9 2
♡Q
◇A 4 2
♣Q 8 6 5

东：
♠Q 10 7 6
♡A J
◇K 10 9
♣J 9 4 2

南：
♠8 3
♡K 10 8 4 2
◇J 7 3
♣A K 3

西	北	东	南
古根海姆太太	命蹇时乖的专家	徒劳的威利	目无余子先生
1♠	不叫	3♠	不叫
4♠	全不叫		

所有的牌手都做出了最简明的叫牌，再次让古根海姆太太成为至关重要的庄家。她觉得累坏了,为什么她的同伴就不能多做几个庄呢?

打牌

命蹇时乖的专家仔细研究过自己手里的牌后，颇有些担忧。自己的牌太弱正好说明庄家的牌力是绰绰有余的。这样的话,即使是古根海姆太太都很有可能像上一副那样把定约打成了。看来只能是孤注一掷,乱中取胜了。他板起脸来,攻出了♣10。

目无余子先生用♣K 吃进,兑现♣A 并继续出♣3。古根海姆太太,只有她自己才知道的原因,在第三轮草花时跟出♣Q。将吃之后,命蹇时乖的专家对接下来该怎么打照样是了然于胸的。

目无余子出的是最小♣3,这无疑是要求同伴回方块。假如目无余子先生拿着类似♣AK××和 A 领头的五张方块,他就必须马上出一张方块。如果他出张别的,庄家可以清光将牌,在第四轮草花上扔掉她的单张方块。

命蹇时乖的专家在想应该出张小方块还是出◇Q。如果庄家拿着◇J××出小效果会不错,因为这会给她个猜错的机会而宕二。但是,如果她手里是几张小牌,最好还是出◇Q,让同伴知道这门花色的形势。如果他出了◇Q,又有谁能再抱怨他让同伴不好出牌了呢?就出◇Q 吧。

	♠5 ♡9 7 6 5 3 ◇Q 8 6 5 ♣—	
♠A K J 9 2 ♡Q ◇A 4 2 ♣8	N W E S	♠Q 10 7 6 ♡A J ◇K 10 9 ♣J
	♠8 3 ♡K 10 8 4 2 ◇J 7 3 ♣—	

古根海姆太太搞不清楚这究竟是什么出法。假如防家是别人,她会把它当成是从◇Q-J 里攻出来的,但古根海姆太太知道命蹇时乖的专家有时候会有出人预料的打法。到底应该让哪一手吃进呢?她最讨厌猜断了。

一个念头猛不丁冒了出来。既可免去猜断,又能给她两个成功的机会,我们马上就要看到了。她自己手里吃进方块,然后出将牌。两轮就完成了清将任务,终于有一次,她居然还记得命蹇时乖专家将吃过一次。

古根海姆太太继续实施她的宏伟计划。她打了张方块给◇K。但◇J 没有出现,于是她用将牌回手,然后出♡Q。命蹇时乖的专家出小,目无余子先生用♡K 吃进。

"天啊!"古根海姆太太很是吃惊。

目无余子先生又兑现了◇J,这是防家的第五个赢墩。

结果:4♠宕二,南北方得 200 分

事后剖析

目无余子先生气哼哼地说,“又想嘲笑谁么？该不会又说是我要求你出的方块了吧？”

这回命蹇时乖的专家真的笑出声来了:“还真是这样的。我知道你没法不出♣3,但是你本来可以先用♣A 吃进第一墩,这就可以要求我换攻红心了。”

亏损状况

东西方损失 820 分(丢掉的 200 分加上 4♡打成的 620 分)

防家草花中的信号发生混乱后,庄家本可完成定约的。有个限制性选择的说法是,这张♢Q 的换攻说明他只有♢Q,因为拿着♢QJ 的话,命蹇时乖的专家同样可能出♢J。对于他这个等级的牌手来说,这种说法肯定是正确的。你能看到按目无余子先生有♢J 来打的更好理由吗？命蹇时乖的专家首攻的是♣10×——这不是什么吸引人的首攻。如果他拿着♢Q 和♢J,他肯定会要在第一墩上首攻♢Q 而不是一张草花了。

第六盘,第 3 副

北发牌

南北有局

北：♠Q 6　♡Q 10 7 5 2　◇6 4　♣9 6 3 2

西：♠K 9 8 5 4 3 2　♡8 6　◇8 5 2　♣7

东：♠10 7　♡J 9 4 3　◇7　♣K Q J 10 5 4

南：♠A J　♡A K　◇A K Q J 10 9 3　♣A 8

西	北	东	南
古根海姆太太	命蹇时乖的专家	徒劳的威利	目无余子先生
	不叫	**3♣**[1]	**6◇**[2]

全不叫

1. 这种局况很适合阻击叫,但其他条件都不对。首先,第二家是最差的阻击位置。有一半的可能性是你在阻击同伴而不是在阻击对手。另外,这手牌很适合让同伴打红心定约时做明手。这个 **3♣** 放在第三家位置是完美的,但在第二家时应该不叫。
2. 目无余子先生从来不用什么折衷的办法!

打牌

古根海姆太太的首攻简单明了:同伴花色里的单张。

“恐怕我这手牌太差了,”命蹇时乖的专家摊出时说道。

“没关系,”目无余子先生回答,然后吸了一口他的烟斗。

徒劳的威利放上♣10,目无余子先生用♣A 吃进。他清了三轮将牌。古根海姆太太从小到大跟出了,徒劳的威利跟出了一次,并垫掉两张小草花。目无余子先生要停下来喘口气了。

怎样才能避免一个黑花色上的输张呢？他考虑了一下送出♠J 去。假如古根海姆太太拿着♠K 不上，定约就打成了。的确，如果他先把红心顶张兑现掉，还可以在明手超吃过去兑现♡Q，弄个超墩出来。但他很快就放弃了这种想法。即使是古根海姆太太也不会忍让的。看来最好打徒劳的威利拿着♠K。目无余子先生最后可以只剩下♠AJ 和一张草花作为残局的三张牌，用草花投入徒劳的威利，让他从♠K 结构里出黑桃。计划不错吧？目无余子先生设计了个剥光紧逼。

他把计划付诸实施了，一口气打出了剩余的四张将牌。他已经让明手垫过一张草花了，此时又垫了两张草花、一张红心，最后垫掉了♠Q。古根海姆太太没有什么垫牌困难——她一张又一张地垫着黑桃。不出所料，徒劳的威利在垫牌上所花的时间比别人都长。他又垫了两张草花，然后垫掉♠7 和♠10。

西	北 / 南	东
	♠6 ♡Q 10 7 5 ♢— ♣—	
♠K 9 8 ♡8 6 ♢— ♣—	N W E S	♠— ♡J 9 4 3 ♢— ♣K
	♠A J ♡A K ♢— ♣8	

目无余子先生对垫牌并没太多关注但他确实应该关注，不过他还是注意到了♠10。不管怎样，他并不是只剩华山一条道。他继续打出了♡A 和♡K，大家都跟出了。目无余子先生缓慢地吸着他的烟斗。徒劳的威利是不是垫掉了所有的草花赢张，还紧紧抓着两张小红心不放呢？似乎不太可能。♠10 同样非常令人生疑。目无余子先生虽然并不清楚局势，但他此时基本不会出错了。如果他此时以一张草花脱手，垫掉明手的黑桃，他虽然不能吃到♠A 了，但徒劳的威利不得不从他的♡J×出向明手的♡Q10。

事实上，目无余子先生认为徒劳的威利已经把他的♠K 垫成了单张。徒劳的威利总会干出这种事的。当徒劳的威利在♠A 上示缺时，目无余子先生总算明白了局势。于是他送出了一张草花，而徒劳的威利只好向明手的♡Q 交出了最后一墩牌。

结果：6♡打成；南北方得 1520 分(包括大牌奖分 150 分)

事后剖析

“我这手牌棒极了，同伴。”目无余子先生说。“但我还得把残局读清楚了。”

“我抓到的♡Q 还真给你帮上忙了。”命蹇时乖的专家表达了他的意见。

亏损状况

防家的牌打得确实有失水准。首先，古根海姆太太要扔掉她的两个红心输张以帮助同伴读清局势。另外，徒劳的威利应该可以算出来，如果庄家拿着♡AK×，定约永远是能打成的。三墩红心、七墩方块、一墩黑桃(同伴不可能有♠A-K，否则她会首攻黑桃）和一墩草花就是十二墩了。我必须认为东西方损失了 1470 分(1520 分减去宕一和大牌奖分之间的差，50 分)。

但是，目无余子先生原本就能打成这个定约而不依赖于防家犯错。读者看出来了吗？

当古根海姆太太在第一轮将牌上出了♢2，就有了打成的办法。兑现两张大将牌和两个红心顶张后，庄家在下面这个局势里用♢3 脱手：

西	北/南	东
	♠Q 6 ♡Q 10 7 ♢— ♣9 6 3	
♠K 9 8 5 4 3 2 ♡— ♢8 ♣—	N W E S	♠10 7 ♡J 9 ♢— ♣K Q J 5
	♠A J ♡— ♢Q J 10 9 3 ♣8	

没有别的花色牌可出了，古根海姆太太只能以一张黑桃脱手。这就让明手吃到了♠Q 和随后的♡Q。只要♠K 处于你所希望的位置，最差的无非就是西家以一张小红心脱手。此时，如果东家前面跟出的是两张小红心，你只能猜是打红心 3-3 还是去飞♡10。这个风险值得冒吧？

既然东家拿着六张草花，西家只有一张，西家手里留给♠K 的空位就要比东家多得多。所以，尽管有必须猜红心的风险，送出将牌依然是最佳的打成机会。

第六盘，第四副

东发牌

双方有局

	♠10 8 3 ♡J ◇A K J 10 ♣9 8 7 5 4	
♠K Q 9 5 ♡A 10 5 ◇Q 9 3 ♣K J 10	N W E S	♠A ♡K Q 8 7 4 3 ◇8 5 4 2 ♣Q 6
	♠J 7 6 4 2 ♡9 6 2 ◇7 6 ♣A 3 2	

西	北	东	南
古根海姆太太	命蹇时乖的专家	徒劳的威利	目无余子先生
		1♡	不叫
1♠	不叫	2♡[1]	不叫
4♡[2]	全不叫		

1. 我同意徒劳的威利的叫牌。红心明显是这手牌的主要特征。
2. 平均的牌型表示该叫 3NT 但其他因素则不对了。古根海姆太太知道九张配合的意义，所以愉快地让同伴来主打这副牌。

打牌

目无余子先生的首攻很轻松。敌方叫过两个花色，在未叫过的花色之一，他拿着 A 但没有 K。

在过去，他也许会首攻♣A 先“看看明手的牌”。但现在出 A 都表示还有 K，这个打法就不那么有吸引力了。

“谢谢你，搭档，”徒劳的威利尽量表现得这张◇7 首攻并没有击中他的要害。

命蹇时乖的专家便宜地吃到第一墩后，兑现了◇K 和◇A。

“嗯，”目无余子先生在考虑他第三轮的垫牌时哼出了声音。他可以垫掉♣3来鼓励同伴换攻草花。而命蹇时乖的专家是个特别注意别人垫牌的人，会观察到♣2 还没有出现。他又把它放回去了。然后，他又在想，垫♠2 是不是很明确。是的，如果他不希望出黑桃，同伴就可以推算出他喜欢草花了。

命蹇时乖的专家和他想的根本不一样。从他的角度看，目无余子先生不可能拿着任何一张黑 A。假如他有，就应该将吃第三轮方块后兑现他的 A。命蹇时乖的专家看到了另一个机会。目无余子先生可能拿着♡Q9×。这样的话，放给庄家自己去打，就肯定可以收获所有的将牌。徒劳的威利可以出♡K，看到♡J 在第一轮掉下来后，运用限制性选择原理第二轮用♡10 飞。我的意思是说，假如北家拿着♡QJ 双张，他打出 Q 和打出 J 的机会各占一半。因此，♡J 是被迫打出的机会要比从♡Q-J 双张里选择打出的机会大一倍。假如目无余子先生拿着的是♡Q××(没有 9)，同样的道理也适用，但庄家也可能选择先兑现♡A 而不是♡K，那怎么样都打不成了。命蹇时乖的专家看到这样可以让这个危险更具体，他打出了第四轮方块，逼迫明手将吃。

徒劳的威利这回可没糊涂。将吃了这墩方块，他把♠A 解封了，为了吊光将牌时出牌权落在明手，先出将牌 K 再打给 A。北家示缺了，他只能让目无余子先生剩一张将牌在手里。他在♠KQ 上垫掉草花时，目无余子先生和命蹇时乖的专家面面相觑。然后，庄家将吃一墩草花，清光外面最后一张将牌，摊牌了。

结果：4♡打成；东西方得 620 分

亏损状况

南北方损失了 720 分，本来有 100 宕分加上丢掉的 620 分。

这次，责任完全应该由目无余子先生一个人来承担。他根本就没想到过要将吃第三轮方块。从北家的角度看，这手牌有可能是这样的：

	北	
	♠10 8 3 ♡J ◇A K J 10 ♣9 8 7 5 4	
西 ♠K Q 9 5 ♡A 10 5 ◇Q 9 3 ♣K J 10		东 ♠A ♡K 8 7 6 4 3 ◇8 5 4 2 ♣A 2
	♠J 7 6 4 2 ♡Q 9 2 ◇7 6 ♣Q 6 3	
	南	

在这样的分布里，第四轮方块是必须要出的。北家认为南家持有♡Q9×或者♡Q××的想法现实吗？

虽然可能有人会争辩说，如果将吃是由可能吃得到的将牌来完成，就应该避免首攻短套，但目无余子先生总得首攻出牌吧。拿着这样的牌，目无余子先生没有选择，只能在第三轮方块上垫牌。

一轮四副一盘的六盘打完了。四位牌手忙手忙脚地加分并伸手去拿他们的钱包，等待结果。你算出来谁是输家或者赢家了吗？

第三部分

回顾俱乐部的晚间牌局

打过二十四副牌之后，牌手们一定都累坏了，就让他们休息一会儿吧。咱们来重新看一遍都发生了什么。所有的桥牌选手都会犯错误，包括世界冠军在内。勇于承认自己的错误并愿意从中学习就可以把自己从输家变为赢家。每次打牌时，我都会坚持在牌局活动结束后拿到牌型表的做法。假如我知道不会提供牌型表，我就要一边打，一边把所有值得再推敲的地方都记下来。打完一节牌后再检查自己的笔记。打牌的过程中谁也不应该把时间和精力浪费在和同伴，或在自己的脑袋里分析刚打完的牌。你要用积极的态度来考虑问题。如果这次你输了，下次要怎样打得更好才能成为赢家呢？

让我们先来看看眼下的这张计分表：

牌号	定约	庄家	墩数	目无余子先生	古根海姆太太	徒劳的威利	命蹇时乖的专家
1.1	6♣	北	10	-100	100	-100	100
1.2	1♣××	东	2	2900	-2900	2900	-2900
1.3	5♣×	西	10	100	-100	100	-100
1.4	4♡	北	9	-100	100	-100	100
2.1	3NT	南	12	490	490	-490	-490
2.2	3NT	北	9	400	400	-400	-400
2.3	4♠	北	10	620	620	-620	-620
2.4	6♡	东	12	-1430	-1430	1430	1430
3.1	4♡	南	10	420	-420	-420	420
3.2	5♢	西	10	0	0	0	0
3.3	3♣×	南	9	670	-670	-670	670
3.4	3NT	东	10	-630	630	630	-630
4.1	4♠××	西	7	1000	-1000	1000	-1000
4.2	4♡	东	9	100	-100	100	-100
4.3	3NT	南	7	-200	200	-200	200
4.4	3NT	东	10	-630	630	-630	630
5.1	6♡	西	12	-1080	-1080	1080	1080
5.2	5♡×	西	9	500	500	-500	-500
5.3	3NT	北	7	-200	-200	200	200
5.4	6♡	南	11	-100	-100	100	100
6.1	4♡	西	10	-420	420	420	-420
6.2	4♠	西	8	200	-200	-200	200
6.3	6♢	南	12	1520	-1520	-1520	1520
6.4	4♡	东	10	-620	620	620	-620
				3410	-5010	2730	-1130

目无余子先生和他的同伴(坐南北的牌手)的分数是正体字的,东西方牌手的分数是斜体字的。

目无余子先生这个晚上赢得最多,紧随其后的是徒劳的威利。这胜利主要来自命蹇时乖的专家主打的两个再加倍定约。古根海姆太太输得最惨。

在《你为何是牌桌上的输家》一书中,西蒙先生回顾了计分结果,轮流把每位牌手换成够水平但并不杰出的牌手。我也希望这样做。有些时候,可以明确地看到一个够水平的牌手在某副牌上可以得出什么结果。但有些牌,这样的估计就未免过于主观了。如果读者不认同我的某些结论,这对练习的效果也没什么影响。

瑞克西·马库斯曾经说过, 许多打成了的定约其实是可以被打宕的,而许多被打宕了的定约原本是能够完成的。本书中四位主人公所叫到的一些荒谬定约的结果很显然与她的这种说法不符。不过在大多数正常定约中,她并没有说错。

先把目无余子先生替换成一位我们想象中的够水平的牌手。有一件事情也许会让你大吃一惊,有四副牌,够水平的牌手得分其实不如目无余子先生。这大概就能解释为什么目无余子先生总要坚持自己的战术。他是个只有“半桶水”的人,他永远记得自己的得意之作,但失败总是忘得一干二净,即使失败发生得更为频繁!

下面是我所估计的结果：

牌号	原定约	庄家	墩数	目无余子先生	新定约	庄家	墩数	够水平的牌手	变化
1.1	6♣	北	10	-100	3NT	北	7	-100	
1.2	1♣××	东	2	2900	1♣××	东	2	2900	
1.3	5♣×	西	10	100	5♣×	西	10	100	
1.4	4♡	北	9	-100	4♡	北	9	-100	
2.1	3NT	南	12	490	3NT	南	9	400	输
2.2	3NT	北	9	400	2NT	北	9	150	输
2.3	4♠	北	10	620	4♠	北	10	620	
2.4	6♡	东	12	-1430	6♡	东	12	-1430	
3.1	4♡	南	10	420	3NT	北	10	430	赢
3.2	5♢	西	10	0	5♢	西	10	0	
3.3	3♣×	南	9	670	2♡	北	8	110	输
3.4	3NT	东	10	-630	3NT	东	8	100	赢
4.1	4♠××	西	7	1000	4♠××	西	7	1000	
4.2	4♡	东	9	100	4♡	东	9	100	
4.3	3NT	南	7	-200	2♣×	东	6	300	赢
4.4	3NT	东	10	-630	3NT	东	8	100	赢
5.1	6♡	西	12	-1080	6♡	西	12	-1080	
5.2	5♡×	西	9	500	4♡	西	9	100	输
5.3	3NT	北	7	-200	2♢	北	8	90	赢
5.4	6♡	南	11	-100	6♡	南	12	1430	赢
6.1	4♡	西	10	-420	4♡	西	9	50	赢
6.2	4♠	西	8	200	4♠	西	9	200	
6.3	6♢	南	12	1520	6♢	南	12	1520	
6.4	4♡	东	10	-620	4♡	东	9	100	赢
				总计 3410				总计 7090	赢 3680

对于分数的改变或保持不动,我是这样考虑的:

1.1 如果南家开叫 1◇,徒劳的威利最终会主打 3NT 并接受红心首攻。虽然徒劳的威利知道要做方块套,但他似乎不太可能会处理得足够小心。

1.3 虽然目无余子先生防守时出错了,定约还是打不成的。因此替换了他结果也不会改变。

2.1 够水平的牌手会小心地打,用 A 赢进首攻并打成九墩牌。

2.2 够水平的牌手只会邀叫。我设想打牌过程和在 3NT 中是一样的。

2.3 够水平的牌手也许只够做简单加叫,但我估计古根海姆太太还是要继续叫的。

3.1 够水平的牌手没有理由去改叫 3NT,这个定约遭遇桌上的防家大概能拿到一个超额赢墩。

3.3 南家在第一轮加倍,并找到了红心配合。

3.4 在命蹇时乖的专家出色的换攻之下,3NT 打不成。

4.3 有理智的南家会对 2♣加倍。庄家应该能打成宕二,但我们没法估算古根海姆太太能拿到几墩。

4.4 庄家打错之后,扑上♣A 就可以击败 3NT。

5.1 尽管目无余子先生的恍惚帮助了庄家,我认为他本来就能打成这个定约。

5.2 这副牌要输了,因为一个有水准的牌手不会独自叫到 5◇的。

5.3 同伴有过迟疑之后,讲究牌德的牌手会对 2◇不叫的。

5.4 够水平的牌手是可以打成这个满贯的, 知道古根海姆太太可能有额外牌力,也可能会叫到满贯。但是,我得说,这是个边缘的满贯。我也许该给它判为 680 分。

6.1 在第一墩正确地打出草花的中间张,命蹇时乖的专家就能找到漂亮的♡K 换攻。

6.2 与 1.3 的评论相同。

6.3 尽管目无余子先生打错了,他毕竟完成了定约。因此,够水平的牌手最多也只能复制他的结果。

6.4 将吃第三轮方块,就能轻松击败 4♡。

现在我们把古根海姆太太替换成一个够水平的牌手：

牌号	原定约	庄家	墩数	古根海姆太太	新定约	庄家	墩数	够水平的牌手	变化
1.1	6♣	北	10	100	6♣	北	9	150	赢
1.2	1♣××	东	2	-2900	1NT	北	9	-150	赢
1.3	5♣×	西	10	-100	5♣×	西	11	550	赢
1.4	4♡	北	9	100	4♡	北	9	100	
2.1	3NT	南	12	490	4♠	北	10	420	输
2.2	3NT	北	9	400	3NT	北	9	400	
2.3	4♠	北	10	620	4♠	北	10	620	
2.4	6♡	东	12	-1430	6♡	东	11	100	赢
3.1	4♡	南	10	-420	4♡	南	9	50	赢
3.2	5♢	西	10	0	5♢	西	10	0	
3.3	3♣×	南	9	-670	2♡	北	8	-110	赢
3.4	3NT	东	10	630	3NT	东	10	630	
4.1	4♠××	西	7	-1000	6♣	东	12	920	赢
4.2	4♡	东	9	-100	3NT	东	9	600	赢
4.3	3NT	南	7	200	3NT	南	7	200	
4.4	3NT	东	10	630	3NT	东	10	630	
5.1	6♡	西	12	-1080	6♡	西	12	-1080	
5.2	5♡×	西	9	500	5♡×	西	9	500	
5.3	3NT	北	7	-200	3NT	北	9	600	赢
5.4	6♡	南	11	-100	6♡	南	11	-100	
6.1	4♡	西	10	420	4♡	西	10	420	
6.2	4♠	西	8	-200	4♠	西	10	620	赢
6.3	6♢	南	12	-1520	6♢	南	12	-1520	
6.4	4♡	东	10	620	4♡	东	10	620	
				总计-5010				总计 5170	赢 10180

引入够水平的牌手的变化很显著。首先,古根海姆太太打错的牌要比目无余子先生多。另外,新换上来的牌手避免了两次重大误会。

我对这些变化及其他状况的解释如下:

1.1 没有用♣K 盖打结果多宕了一墩。

1.2 把再加倍的定约改叫到 1♡后,南北方大概要打 1NT,并拿到九墩牌。

1.3 常规的规避打法,出♠K 可以打成这个局。

2.1 够水平的牌手跳叫到 4♠,并在第二轮将牌时超吃过去就能拿到十墩牌。

2.2 虽然古根海姆太太打错了,但她还是打成了定约。替换她结果不会改变。

2.3 同上。

2.4 北家可以保留◇9, 如果命蹇时乖的专家还是这样打这个满贯就要宕,或者目无余子先生打对了,不吃进◇J。

3.1 够水平的牌手会超吃首攻的方块。此后,即使是徒劳的威利也都肯定能打败这个定约。

3.3 对 2♣的平衡加倍,徒劳的威利将会放过,但命蹇时乖的专家将会撤退到 2♡。

3.4 与 2.2 的评论相同。

4.1 够水平的牌手能够把命蹇时乖的专家的 4♠理解为扣叫,叫到并打成草花满贯。

4.2 我认为目无余子先生对抗 3NT 定约时能找到黑桃换攻,就像他对抗红心定约时一样。

4.4 与 2.2 的评论相同。

5.1 我觉得杀招草花或大将牌首攻太难找到了。

5.3 够水平的牌手再叫 2NT 并叫到 3NT,正确地使用黑桃进张,打成定约。

5.4 目无余子先生面对一个建设性加叫到局就更乐意叫满贯了。我认为不管叫牌进程是什么样的,命蹇时乖的专家都会做出同样的首攻。

6.1 与 2.2 的评论相同。

6.2 够水平的牌手会断定目无余子先生拿着◇J 并打成这个局。

6.3 即使古根海姆太太粗心地跟出将牌,但庄家却未能利用这大好机会。

现在我们把徒劳的威利替换成够水平的牌手：

牌号	原定约	庄家	墩数	徒劳的威利	新定约	庄家	墩数	够水平的牌手	变化
1.1	6♣	北	10	-100	3NT	南	10	430	赢
1.2	1♣××	东	2	2900	1♣××	东	2	2900	
1.3	5♣×	西	10	100	5♣×	西	10	100	
1.4	4♡	北	9	-100	4♡	北	10	620	赢
2.1	3NT	南	12	-490	3NT	南	8	50	赢
2.2	3NT	北	9	-400	3NT	北	6	150	赢
2.3	4♠	北	10	-620	4♠	北	9	100	赢
2.4	6♡	东	12	1430	4♡	东	11	650	输
3.1	4♡	南	10	-420	4♡	南	10	-420	
3.2	5♢	西	10	0	3NT	西	10	630	赢
3.3	3♣×	南	9	-670	3♣	南	7	500	赢
3.4	3NT	东	10	630	3NT	东	10	630	
4.1	4♠××	西	7	1000	4♠××	西	7	1000	
4.2	4♡	东	9	100	4♡	东	9	100	
4.3	3NT	南	7	-200	3NT	南	7	-200	
4.4	3NT	东	10	-630	3NT	西	10	-630	
5.1	6♡	西	12	1080	4♡	西	11	550	输
5.2	5♡×	西	9	-500	5♢×	南	8	500	赢
5.3	3NT	北	7	200	3NT	北	7	200	
5.4	6♡	南	11	100	6♡	南	11	100	
6.1	4♡	西	10	420	4♡	西	10	420	
6.2	4♠	西	8	-200	4♠	西	9	-200	
6.3	6♢	南	12	-1520	6♢	南	11	-50	赢
6.4	4♡	东	10	620	4♡	东	10	620	
				总计 2730				总计 8750	赢 6020

我对上面得分的考虑,包括两个更差的结果的解释如下:

1.1 把 **1NT** 加叫到 **3NT** 是正常的。首攻♠**10**,目无余子先生可以拿到十墩牌。

1.4 够水平的牌手会在动将牌之前做出一墩方块来垫牌。

2.1 收集到任何命蹇时乖的专家拿着♡**A** 的线索,都能让够水平的牌手击败 **3NT**。

2.2 任何有脑子的牌手都不会重复徒劳的威利的"阻塞"打法。

2.3 打出第三轮草花前兑现♡**A** 就能击败定约。

2.4 够水平的牌手不会把命蹇时乖的专家放到满贯定约去。

3.1 由于古根海姆太太不能把♢**10** 读作一个信号,够水平的牌手打出正确的牌张也不会有什么区别。

3.2 够水平的牌手赞赏古根海姆太太只叫到 **3NT**, 如果她希望能够打成这个定约。

3.3 够水平的牌手可能会首攻单张红心。现在即使古根海姆太太也可以击败这个定约了。

3.4 开叫 **2NT** 可以改变庄家,但是,我认为不会改变结果。

4.2 即使在徒劳的威利懒惰地小将吃后,这个定约也打不成,换人也没有差别。

4.4 我认为即使同伴在第一墩打出♠**8**,目无余子先生也会跟桌上一样昏沉沉的。

5.1 与 **2.4** 的评论相同。

5.2 显然要放掉同伴的加倍。

5.3 由于即使徒劳的威利打出了懒惰的小黑桃,定约还是宕了,替换别人也没有差别。

6.3 够水平的牌手不叫后,目无余子先生还是会叫到 **6**♢。当目无余子先生错过了将牌中先予后取的打法,正确的垫牌可以击败定约。

徒劳的威利本来有机会成为这个晚上最大的赢家,但正是他自己放跑了这样好的机会。

最后，我们把命蹇时乖的专家换成够水平的牌手：

牌号 Deal	原定约	庄家	墩数	命蹇时乖的专家	新定约	庄家	墩数	够水平的牌手	变化
1.1	6♣	北	10	100	6♣	北	10	100	
1.2	1♣××	东	2	-2900	1NT	北	9	-150	赢
1.3	5♣×	西	10	-100	5♣×	西	10	-100	
1.4	4♡	北	9	100	4♡	北	9	100	
2.1	3NT	南	12	-490	3NT	南	12	-490	
2.2	3NT	北	9	-400	3NT	北	9	-400	
2.3	4♠	北	10	-620	4♠	北	10	-620	
2.4	6♡	东	12	1430	6♡	东	12	1430	
3.1	4♡	南	10	420	4♡	西	10	420	
3.2	5♢	西	10	0	5♢	南	10	0	
3.3	3♣×	南	9	670	3♣×	南	9	670	
3.4	3NT	东	10	-630	3NT	东	10	-630	
4.1	4♠××	西	7	-1000	5♣	东	11	400	赢
4.2	4♡	东	9	-100	4♡	东	9	-100	
4.3	3NT	南	7	200	3NT	南	7	200	
4.4	3NT	东	10	630	3NT	东	10	630	
5.1	6♡	西	12	1080	6♡	西	11	50	输
5.2	5♡×	西	9	-500	5♡×	西	9	-500	
5.3	3NT	北	7	200	3NT	北	7	200	
5.4	6♡	南	11	100	6♡	南	11	100	
6.1	4♡	西	10	-420	4♡	西	9	50	赢
6.2	4♠	西	8	200	4♠	西	8	200	
6.3	6♢	南	12	1520	6♢	南	12	1520	
6.4	4♡	东	10	-620	4♡	东	10	-620	
				总计-1130				总计 2460	赢 3590

换人之后这确实是最难予以评价的。我判定的替换影响如下：

1.2 够水平的牌手会开叫,或者撤退到 1♡。

2.3 徒劳的威利所打出的防守清楚地表示了要打将牌升级。这意味着结果没有变化。

2.4 面对一个正常的牌手，徒劳的威利还会叫这个满贯或 5.1 的满贯吗？我认为他还是会叫的,但是只有一个满贯可以打成。

3.1 够水平的牌手也许不会叫出这种灵光一现的 3NT。由于目无余子先生怎么都要叫 4♡,直接加叫到 4♡也没什么区别。

3.2 徒劳的威利打牌的方式，让够水平的牌手很容易知道该打红心将吃，没有差别。

3.4 够水平的牌手可能不会找到♣8 换攻。由于定约总能打成,没有输赢。

4.1 够水平的牌手会简单地把古根海姆太太加叫到 5♣,这是她应该可以打成的定约。

5.1 参看 2.4 的评论。

5.3 够水平的牌手也许不能在第一墩平静地忍让。既然古根海姆太太在牌桌上没能飞♠8,我认为她还是不会飞的。

6.1 够水平的牌手不会找到将牌换攻，但可以在♡K 进手后找到安全的草花脱手。

6.2 够水平的牌手可能会以一张小方块脱手。我觉得古根海姆太太还是要"组合她的机会"。

6.4 为目无余子先生建立起一墩将牌是清楚表明了的。

如果读者有兴趣,我可以告诉大家一些牌的出处。1.1、1.3 和 3.1 来自英格兰南部慈善双人赛。我稍稍改动了 1.1 的草花；在 1.3 中,我调换了高花的结构；3.1 和原竞赛者打的牌是一样的。专家评论员对 3.1 的评论是 4♡基本要宕掉，可事实上,大多数桌上都打成了。3.2 很接近一次叫牌的练习赛。评论员(这次不是我)看不出把方块处理为一个输张的打法。4.1 是在罗森布鲁姆,一对意大利混双选手实际打出的牌例。4.3 我是根据英格兰,汉姆斯舍尔的麦克·菲斯炎打出的防守编写的。

对我来说,5.1 的背景故事最有意思。休·凯尔西的出版商准备把他的几本紧逼的书合编成一本出版前,让我查看一下有没有需要改正的错误。我找不到多少错误,考虑到这是在“深飞”问世之前,凯尔西完全是凭一己之力做了大量的工作,实在值得敬佩。几副有错误的牌之一是在连续将吃紧逼中的一个例子,问题太多而需要替换掉它(我的意见)。但最后,凯尔西的遗孀不同意做任何修改。5.1 是我为替换而编写的。1.2、2.1、2.4、3.3(读者也猜到了?)、5.2 和 5.4 是我专门为这著名四人组合创造的。其他的牌例都是我收藏的有趣牌例,等待适当的机会出版。我还要赶紧加上个说明,在我所存档的牌例中,叫牌或其他方面都比大家读到的更合乎理性。一个例外是 3.4,我只能认为西家是数错点了,因为我所看到的叫牌过程是 1◇-1NT-3NT。

* * * *

当我开始写这本书的时候,本来是想到此就收尾的。但是,如果读者阅读时能享受到我写作时的一半乐趣,大家就会理解我为什么要继续写下去了。

第四部分

最后的牌局

命蹇时乖的专家摸了摸他的钱包,这晚上的牌局让它瘪了很多。现在就回家合适吗?

“咱们干吗不再打一局呢,来一盘老式的盘式桥牌?”

“对呀,再打一局。”古根海姆太太积极响应了。

目无余子先生抚弄着下巴。“我觉得没什么不好的。这里大概没人会反对吧。”他觉得自己的运气来了,很想再玩一会儿。“威利,再玩几副?”

“我可不想扫大家的兴。”徒劳的威利答应了。

“那就来吧,”目无余子先生说。

古根海姆太太切牌拿到了♢Q。

徒劳的威利抓到了♢K后马上瞥了一眼自己的手表。“我的天啊,都这个钟点了?”

目无余子先生哼了一声,“是的,你的表没错,但是你已经同意打了。你是个说话算数的人,对吧?”

徒劳的威利点了点头。

“你先来吧!”目无余子先生说着,转向了命蹇时乖的专家。

命蹇时乖的专家拿到了♢9。

目无余子先生把手伸向了纸牌。摸过来,摸过去,他从底下抽出了♣A。“那么,就是我和你搭档了,威利。我就坐在这不动了,咱们用蓝背的牌。”

最后的牌局,第 1 副

南发牌,

双方无局

	♠10 7 4 3 ♡J ◇8 6 4 3 ♣A Q J 10	
♠K 8 2 ♡10 8 7 6 4 ◇K 7 ♣8 7 2	N W E S	♠J 5 ♡A 9 5 3 2 ◇A 5 ♣K 6 5 4
	♠A Q 9 6 ♡K Q ◇Q J 10 9 2 ♣9 3	

西	北	东	南
古根海姆太太	徒劳的威利	命蹇时乖的专家	目无余子先生
			1NT[1]
不叫	2♣	不叫[2]	2♠
不叫	3♠[3]	不叫	不叫[4]
不叫			

1. 一切如常,目无余子先生倾向于积极叫牌。开叫 1◇,在同伴应叫 2♣或 1NT 后逆叫 2♠即使以他的标准来看也太过分了。开叫 1◇再叫 2◇算是温和的路数,尽管这符合稍弱一些的牌。

2. 应叫人使用斯台曼时,通常他会在某个或两个高花里有长度并且至少有邀叫的牌力。假如你贸然争叫就难免会遇到加倍。你需要有六张套,套的质量还要尽可能好些,才能考虑争叫。

我很早以前就得过教训了。有一次拿着比这些红心还要好的黑桃,我叫了 2♠可同伴的牌根本没配合:他有足够的牌力阻止敌方打成局但只有单张黑桃。这副牌我为什么至今还记忆犹新呢?一位负责选拔的专家正盯着看呢(我当时正在打英格兰青年选拔赛),专家的评论让我一辈子都忘不掉!

3. 徒劳的威利这个判断不错。单张♡J连一半的价值都算不上,将牌也不怎么样。如果目无余子先生不叫,进局的前景肯定不容乐观。

4. 即使是目无余子先生都承认自己拿着的是低限牌。

打牌

古根海姆太太在考虑她的首攻,她刚刚读过《首攻的黄金法则》。法则关于出短套的条件是怎么说来着?对了,你需要拿着一手弱牌,这样同伴就有可能有一、两个进张,打钩确认。还要有个将牌进张,再打钩,这也没问题。于是◇K出到了绿色的桌面上。

现在从命蹇时乖的专家的角度来看这个首攻。自己手里和明手共有六张方块。命蹇时乖的专家怎么可能想得到同伴会从K×中攻出K来。看起来更像是从KQ××里攻出来的,他几乎都能写出整手牌了。现在只有15个大牌点飘在外面,这说明它们都在目无余子先生手里呢。庄家的牌一定是:

♠A K Q×　♡K Q×　◇J××　♣×××

在这种情况下消极防守是没有任何意义的。就算是没有将吃什么的,庄家也能拿到四墩黑桃、两墩红心和三墩草花。要想击败这个定约,东家只能超吃◇K,回出◇5然后再将吃一墩方块。防家要拿到前三墩,然后再吃到♣K和♡A。

命蹇时乖的专家将计划付诸实施——嗯,只能说是前一部分吧。目无余子先生心情愉快地用◇J吃到了第二墩。当同伴跟出◇7时,命蹇时乖的专家忍不住扬了扬眉毛。她干嘛要忍让这墩牌呢?

目无余子先生用♡K顶出♡A。命蹇时乖的专家回打红心,明手将吃。出张将牌给♠9和♠K。命蹇时乖的专家现在总算弄明白是怎么一回事了。最后,他的♣K拿到了防家的第四墩牌。

结果:3♠刚好打成——南北方得到线下的90分

事后剖析

“叫得真准,”徒劳的威利评论道。

“没错,”目无余子先生回应着。

命蹇时乖的专家摇摇头。他的厄运什么时候才是尽头呢?“首攻真够出色的,搭档”他以惯常的口吻说道。

古根海姆太太在绽放出笑容前的那一刻有些疑惑。她对于接受表扬毕竟还是缺乏经验的!

亏损状况

尽管大大地偏离了教科书,古根海姆太太的首攻其实是很容易奏效的。我估计大多数人会选择出张小红心。东家在 2♣后不叫让你有了一点点不首攻草花的理由。由于开叫的 1NT 从理论上说是强牌,加倍 2♣就是要求首攻草花。(大多数人在对弱无将后的 2♣加倍都是表示想竞叫。)首攻红心后,命蹇时乖的专家就可以换攻◇A 和另一张方块,这样肯定可以击败定约。

我们无法批评命蹇时乖的专家超吃方块的决定。他想象中古根海姆太太拿着的牌比她实际上拿着的牌更符合实际。我认为是古根海姆太太丢掉了 140分,还要加上不太好计算的部分定约的价值。

最后的牌局,第 2 副

西发牌,双方无局

南北方 90

北：
♠3
♡Q 9 7 5
◇10 9 8 5
♣Q 8 4 3

西：
♠K Q 10 9 4
♡10 8 6 2
◇A 7
♣A 10

东：
♠J 8 7 2
♡K
◇Q 6 3
♣K J 9 7 2

南：
♠A 6 5
♡A J 4 3
◇K J 4 2
♣6 5

西	北	东	南
古根海姆太太	徒劳的威利	命蹇时乖的专家	目无余子先生
1♠	不叫	3♠[1]	不叫
不叫[2]	不叫		

1. 要是和一个正常的搭档打,这牌做限制性加叫是正确的。尽管会减值,你也不能认为♡K 没用了。当然,跟古根海姆太太打牌,稍稍向下做点调整是靠谱的做法。我是不会对简单加叫吹毛求疵的。
2. 拿着 13 个大牌点,很好的将牌和不错的控制,无论是什么计分制,这手牌都值得叫到 4♠。此时,因为敌方已经有了线下的 90 分,进局的意义就更大了,也就是说,你要比平时更积极地叫进局。当然,所有这一切都在古根海姆太太脑子里一闪而过。但她用的是另一条法则:叫你认为你能打成的定约!

打牌

徒劳的威利有个明显的首攻:◇10。

命蹇时乖的专家摊牌的时候有点紧张。如果同伴是绝对的低限,她能拿到九墩牌吗?

“谢谢你，搭档。”古根海姆太太说，“请出◇Q。”

目无余子先生用K盖打，古根海姆太太叹了口气，用◇A吃进。她决定要出♠K，她认为，把♠A顶出来日子就好过了。但目无余子先生一点都不配合，他忍让了第一轮，他准备吃进第二轮，再打出第三轮。

古根海姆太太又看了看明手，注意到了单张红心。也许在继续出将牌前应该将吃一、两张红心。♡K被目无余子先生的♡A吃了，然后他打出了♠A。不加片刻思索，在出第三轮将牌前他先兑现了◇J。徒劳的威利先在第二轮将牌上垫了一张方块，此时又垫了一张小红心。

古根海姆太太认为她最好在还有机会时将吃一墩红心。她手里吃进将牌回攻后，让明手将吃了一墩红心，然后低下头来看了看自己面前的牌墩，她已经拿到四墩牌了。还需要五墩，这个连古根海姆太太也能算清楚。自己手里还有两张将牌，这就是两墩；还有♣A和♣K。她发现自己少了一墩牌。

古根海姆太太用♣A回手，接着出草花。只能看到敌方跟出的是小牌，她又有些恍惚了。应该扑上♣K将吃第三轮还是飞过去呢？守护天使一定在她身边——她居然灵光一现地发现将吃是没用的，因为明手已经没有进张了。于是她让明手出♣J，连目无余子先生出的牌都不敢看了。她估计他跟出的是张小牌，因为他并没有将这墩牌归拢到赢墩的举动。她得意洋洋地让明手再出♣K，垫掉了一个红心输张。

结果：3♠打成——东西方得到线下的90分

事后剖析

古根海姆太太眯着眼睛笑了：“我打成了，是吧？”

命蹇时乖的专家勉强挤出了一丝笑意。他知道这是个正分，但是一个缩了很多水的正分。

亏损状况

古根海姆太太有好几种办法都能拿到十墩牌,这对于任何一个像样的牌手来说都是能叫到并打成的。即使她在草花里猜错了仍有十墩牌。如果她早期打掉♣A-K,出♣J 做将吃飞牌,目无余子先生也毫无办法。如果他将吃,庄家可以垫掉她的方块输张。目无余子先生此后可以打出两轮将牌,但也是于事无补。庄家可以将吃两轮红心并吃到长草花的赢墩。假如目无余子先生不将吃草花,庄家还是可以处理掉她的方块输张。她能吃到四墩草花,只需要将吃一墩红心。

按照牌桌上的实际打牌进程,古根海姆太太只要在将吃红心之前先飞草花,仍然能打成十墩牌。东西方本应该叫到并打成局,消除南北方 90 分的威胁,将自己置于赢得这盘牌的无比有利的位置上。要记住,先打成一局的一方有 75% 的可能性会赢得一盘牌的的奖分。但现在,双方刚刚打了个平手。

依照我的计算,第一个局的价值是 350 分（对于两局一盘的盘奖分是 700 分)。这等于损失了 380 分。

最后的牌局，第 3 副

北发牌，双方无局

双方各有线下 90 分

	♠10 8 7 3 2 ♡6 5 ◇A 9 3 ♣10 9 8	
♠A J 9 6 4 ♡10 9 4 ◇Q ♣K 6 4 2	N W E S	♠Q 5 ♡8 2 ◇K J 10 7 5 4 2 ♣J 7
	♠K ♡A K Q J 7 3 ◇8 6 ♣A Q 5 3	

西	北	东	南
古根海姆太太	徒劳的威利	命蹇时乖的专家	目无余子先生
	不叫	3◇[1]	3♡[2]
4◇[3]	不叫	不叫	4♡[4]
全不叫			

1. 命蹇时乖的专家所做的开叫与双方都没得分时没什么区别。他也许是对的。如果同伴有一手好牌，3◇是个恰当的定约。他绝无可能在更低的阶数上争到定约权。如果同伴不是一手好牌，至少他也能给敌方的叫牌增加难度。
2. 目无余子先生注意到了得分。很显然，如果叫 3♡不足以进局，他是会直接跳到 4♡的。
3. 古根海姆太太做出了个勇敢的叫品。她知道同伴牌打得有多好并且敌方是多么不愿意加倍他。
4. 目无余子先生不在乎叫出 4♡。他不愿意加倍，因为同伴有可能会叫出 4♠。不管怎么说，他要选择最可能让自己做庄的行动。

打牌

古根海姆太太准确地知道该首攻什么:同伴长套里的单张。当目无余子先生看到明手摊出来的牌包括◇A 时,马上就让徒劳的威利出 A。我非常怀疑他是否考虑过,命蹇时乖的专家有没有可能超吃过去,再给古根海姆太太一个将吃。他像往常一样急躁。不过,他还是注意到了明手是缺乏进张的。“请出张草花吧。”

命蹇时乖的专家平静地跟小,目无余子先生出♣Q,古根海姆太太用♣K 吃进。她下面该出什么呢?要是有第二张方块,她就可以出方块了。她把自己的牌打开又合上,合上又打开,忽然间她有主意了。自己有五张黑桃,明手也有五张,如果她打出♠A 和另一张黑桃,只能有两种情况会发生。如果同伴是单张黑桃,他就能将吃第二轮;如果庄家是单张黑桃,她的打法也没有什么损失。专家跟出了♠5,目无余子先生掉出了♠K。按照自己的计划,她又打出了♠6。看到同伴跟出♠Q而庄家将吃了,她表现得有点失落。

目无余子连出三轮将牌,接着又出了第四轮。“有 100 奖分呢,搭档。”

古根海姆太太要垫一张牌。她能找到安全的垫牌吗?是的,庄家已经没有黑桃了,垫黑桃是安全的。目无余子先生耸了耸肩,“还是有机会的,”他念叨着。他打出了♣A,击落了♣J,然后又出了一张草花。♣10 赢得第三轮草花后,古根海姆太太研究了半天自己的♣6 是不是大了,没有结论。幸运的是,反正不该由她出牌,这事回头再说吧。目无余子先生从明手打出一张黑桃,命蹇时乖的专家刚才出的是♠Q,也许这回他就要跟出♠J 了吧。不是,命蹇时乖的专家垫了张方块。目无余子先生气得直哼哼,自己也垫了张方块。

古根海姆太太眨了眨眼睛:他真的垫方块了?她用♠9 吃进,还是搞不清草花的情况,于是她用♠J 安全脱手。目无余子将吃后摊出了自己最后一张牌:♣5。“我觉得这墩牌是我的。”笑嘻嘻的古根海姆太太宣布。

结果:4♡宕一,但是有 100 大牌奖分——东西方得到线上 50 分,南北方得到线上 100 分

剖析

“我认为他们是打不成 4◇的，”目无余子先生振振有词地说。

“你是说，我该拿着只有一个 A 的满手废牌加倍吗？”徒劳的威利质疑道，“我可猜不到你的牌有这么好。”

目无余子先生点点头，“估计你也猜不到。”

亏损状况

目无余子先生如果打对了草花结构就能打成这个定约。他掉入了一个思维陷阱，把这种结构当成 AQ109××对着单张来打了。在那样的结构里，你通常应当用 Q 飞。因为如果下家拿着 K×你永远不能打成一个输墩，而如果她拿着 J×时就可以。

此例中，有两条线索指明他应该换一种打法。第一是命蹇时乖的专家的开叫。如果他拿着一手弱牌(按照目前的得分情况，我也承认不能确定)，他更可能拿着的是 J××而不是 K××。第二就是如果♣Q 输给了♣K，你只能依靠草花的 3-3 分布了。如我们所见，第二轮♣J 的跌出并帮不了庄家。与之相反，如果第一轮就用♣10 飞过去是可以奏效的。这样他就能用♣A 吃到第二轮，♣9 吃到第三轮并且用♣Q 吃到第四轮。

目无余子先生的损失几乎与古根海姆太太在前一副牌里的损失一样严重。他没能让己方先得到一局，同时也让双方的得分几乎相等了。

最后的牌局，第 4 副

东发牌，双方无局

双方各有线下 90 分

北：
♠J 7 3
♡Q 10 7
◇9 5 4
♣J 8 7 2

西：
♠A K 4
♡J 3
◇7 2
♣A K Q 9 4 3

东：
♠9 8 5
♡A K 6 2
◇A K 8 3
♣10 5

南：
♠Q 10 6 2
♡9 8 5 4
◇Q J 10 6
♣6

西	北	东	南
古根海姆太太	徒劳的威利	命蹇时乖的专家	目无余子先生
		1NT[1]	不叫
4♣[2]	不叫	4♠[3]	不叫
5♣[4]	不叫	5♠[5]	不叫
6NT[6]	全不叫		

1. 任何一个局部定约都能凑成一局了，所以命蹇时乖的专家干脆多算了 **1** 个点后开叫 **1NT**。他认为开叫一门花色会使敌方更容易加入叫牌。他的四个防守赢张意味着他并不介意将同伴加倍敌方的争叫转为惩罚。
2. 古根海姆太太极力掩饰自己的兴奋心情。如果她有八个赢墩而同伴开叫了强无将，肯定会有个满贯的。再者说，她还有了运用新约定叫的机会。
3. 两个 **A**。
4. 古根海姆太太再次用戈伯问叫来检查 **K** 的数量。
5. 两个 **K**。
6. 如果同伴给出了最好的回答，有两个 **K**，但你只想停在六阶上，那你可为什么还要问叫呢？她的询问得不到任何益处却让防家得到了同伴牌力的虚拟蓝图。

打牌

目无余子先生打了个哈欠,"该我首攻?"

"是啊,"命蹇时乖的专家回答。

命运让目无余子先生拿到了一个很好的方块连接张,他把◇Q打到了桌上。

命蹇时乖的专家仔细地研究了明手的牌。如果草花是3-2分布或♣J是单张,他就有现成的十二张牌了。知道自己的运气一向不好,他可能会输一墩草花,需要靠紧逼打成定约。他用◇A吃进首攻的方块,打了张草花给♣A并且兑现♣K。所有人都跟出了第一轮草花,但目无余子先生在第二轮草花上垫了张红心。命蹇时乖的专家摇摇头。这种事怎么总会发生在自己身上呢?由于这意味着他不可避免地要输一墩草花,他接下来打了张小草花,从手里垫掉一张黑桃。徒劳的威利也许可以安全地回出草花,保持他的进张不受破坏。目无余子先生必须要再垫一张牌,他这次选择垫掉一张黑桃。

徒劳的威利注意到目无余子先生保留着方块,他认为这就是要求他回出这门花色。他打出了◇9。命蹇时乖的专家吃进后抚弄着自己的下巴。假设徒劳的威利不会从◇109×里出9,自己手里的◇8就成为只针对南家一个人的威胁张。这并不理想——他更喜欢对威胁张有挡张的防家是在自己的上家而不是下家——但总算有了一个威胁张。他现在没有别的选择,要想继续出草花就必须用掉一个黑桃进张。北家跟出了第四轮草花,东家和南家各垫了一张方块。

命蹇时乖的专家注意到了这一点,心中暗想,"南家在每门花色里都垫了一张牌。这肯定标志着他是4-4-4=1牌型。"

在第五轮草花上,北家垫了张方块,东家和南家各扔掉一张红心。如果他对牌型的解读是正确的,命蹇时乖的专家在这样的残局中看到了定约回家的路线:

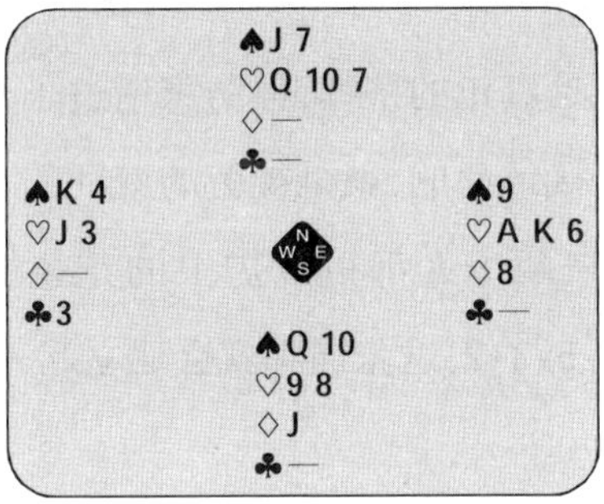

在第六轮草花上，北家只能垫掉一张黑桃以保留三张红心。由于明手的♡6没有用处了，庄家垫掉了它。南家在这一墩上并没有感到压力，他可以再扔掉一张红心。最后，命蹇时乖的专家打出一张红心给♡A，并兑现♡K。不出所料，目无余子先生开始犹豫了。徒劳的威利现在更像是拿着什么牌：两张黑桃还是◇8呢？连目无余子那有限的算术天赋也可以得出正确答案了：只剩下两张牌了，其中一张必须是♡Q，同伴就不可能拿着♠J×了。目无余子先生垫掉了自己最后一张方块。

命蹇时乖的专家深深地吸了一口气。他把◇8轻弹到桌上。“这张牌大了，我还有一张黑桃可以出给明手的♠K拿到最后一墩。”

结果：6NT打成——东西方得到线下190分和线上500分

事后剖析

古根海姆太太并没有仔细观看打牌过程。但是，从缓慢的打牌速度中她知道了这个定约一定不好打。“我这牌就只能叫到满贯去，是吧？”

命蹇时乖的专家失望地点点头。他刚刚通过复杂的双挤打成了一个满贯，在不同的牌张上分别对防家施压，而他的同伴所要问的却是一个肤浅的叫牌问题。

亏损状况

尽管最后打出的紧逼是真正的挤牌，但防家错过了几次好机会。最大的错误，尽管按牌张分布并不是直接致命的，就是徒劳的威利的◇9回攻。在防守紧逼时，没有谁会愿意将一门原来两个人都可以护卫的花色变成只有一个人能看住。如果庄家的牌型原本是3-5-3-2，这张回牌就会建立起一个防家无法应对的紧逼。出他的小方块会更好些。

更好的回牌是♠3。这是为什么呢？因为北家知道南家拿着♠Q(否则十二墩牌就是很容易的了)，但南家可能不知道谁拿着♠J。打一张小黑桃给♠Q和♠A之后，目无余子先生就可以推算出他的同伴在护卫黑桃，而他自己就没必要保留这门花色了。一个实用的方法是护卫你右边的花色而不是左边的。所以徒劳的威利应该保留黑桃，让目无余子先生去护卫红心。可以肯定的是，目无余子先生看着手里的红心连♡10都没有，而黑桃上有♠Q，方块也有大牌，确实很难决定保留红心。当然了，如果他再好好想想，是可以推断出红心的情况的。同伴一定拿着♡Q，而且，由于庄家没有做简单飞牌，同伴还应该拿着♡10。这样，他的红心就是有价值的，也许就能避免垫第二张红心这样的致命错误了。

这个满贯本来应该宕一，这样的话南北方可得50分。但结果却是，东西方得到了定约分190分，完成一局并且还拿到了满贯奖分。这个损失总计为1090分(190分加500分加350分再加上50分)。

最后的牌局,第 5 副

南发牌,

东西有局

	♠A 10 ♡6 ◇A K J 10 9 ♣A K Q 9 3	
♠K 9 5 ♡Q 10 8 5 4 ◇7 6 4 3 ♣6	N W E S	♠J 8 7 6 3 2 ♡9 2 ◇— ♣10 8 7 4 2
	♠Q 4 ♡A K J 7 3 ◇Q 8 5 2 ♣J 5	

西	北	东	南
古根海姆太太	徒劳的威利	命蹇时乖的专家	目无余子先生
			1♡
不叫	2◇[1]	不叫	3◇[2]
不叫	4NT	不叫	5◇
不叫	7◇	全不叫	

1. 徒劳的威利检查了一下分数。如果线下有 90 分,正确的叫品就是跳叫 3◇。要是有满贯可打却停在 2◇上的风险太大了。现在己方的线下 90 分已经被废掉了,那 2◇就是正确的了。

2. 在美国标准叫牌法中,二盖一应叫是保证再叫一次牌的。这就使得开叫人的再叫是逼叫的。有时,当拿着低限牌时,开叫人其实并不愿意同伴的二盖一是逼叫的。我相信,在二阶再叫自己的套作为等待性叫品是个通用的避免叫牌过高的办法。你准备在第三轮时再叫出对同伴花色的示选。

   这样叫的坏处是什么呢?同伴不太容易区分是加叫还是纯粹的示选。目无余子先生,我敢说,从不担心这样的事情。无论如何,以他的标准来看,这手牌比低限牌还是好一些的。

   叫牌的其余部分就都是平铺直叙了。目无余子先生和徒劳的威利叫起牌来总是这么直截了当。

打牌

命蹇时乖的专家在首攻上费尽思量。命运让他没机会做出传统的将牌首攻。哪个旁门是最安全的呢？从有J的黑桃中攻牌总有一些风险。他也不愿意攻草花。在这种叫牌进程中，任何一个敌手都可能隐藏着草花套。最后他决定出♡9，攻击明手的套。

“谢谢了，搭档。”徒劳的威利面无表情地说。

扑上了明手的♡A，他就打了张将牌来试试这门花色。如果大家都跟出了，他就能数到十三墩牌了。糟糕，命蹇时乖的专家示缺了。徒劳的威利看起来并不担心，只要旁门分布不是特别恶劣，让明手将吃一墩草花，再用一张大红心垫去手里的黑桃输张就行了。他打了张草花给明手的♣J，垫掉一张黑桃后又回出了一张草花。

“什么是将牌啊？”吃了一惊的古根海姆太太问道。

“我觉得你不能问这个问题，”目无余子先生把她顶了回去。

“没错，但是我搭档可以问打的是什么定约。”命蹇时乖的专家给他做了补充。

目无余子先生点了点头。“7♢。”

古根海姆太太将吃了，威利只好承认宕一。还好，他记得自己有100奖分。

结果：7♢宕一，东西方得到50分，南北方得到100分

剖析

“你就不能先把将牌清光吗？”目无余子先生问，“你拿着这么多张草花，出草花不是玩火么？”

“我调完将牌也没用，”威利回答道，“那样我最后就要有一个草花输张。先打草花有个额外的机会，也许拿着单张将牌的人正好也是短草花呢。”

“你是想说将牌缺门吧，不过我不认为这是什么额外的机会。如果你一口气猛出将牌会怎么样？”

这时命蹇时乖的专家出手解救威利,至少是帮了他一把。“没用的。首先,你的明手没有进张。另外,我拿着长草花,在庄家后面垫牌;而我同伴拿着长红心,在明手后面垫牌。你需要完全换个打法。”

读者看到致胜的路线了吗?

亏损状况

徒劳的威利错过了一个唾手可得的大满贯。他只要在第二墩将吃一张红心就行了。此后,当他发现了将牌的恶劣分布时,用♣J过手,兑现♡K,再将吃第二次红心。在长将牌的一边将吃两次,他就可以创造出一墩牌来。不知什么原因,很多牌手对于反明手打法都是个盲点。假如古根海姆太太是短红心而不是短草花,这样打仍然可以完成定约。他可以超将吃,清光她其余的将牌,连出草花,并让明手将吃一墩黑桃。

虽然威利有些不走运,但是他错过了100%打成的路线。有时,你不得不自己来掌握命运。一个棒球击球员,在两击计数时打出了三击不中,你会很同情他吗?一个网球运动员,在局分点上的第二次发球追求角落的大力发球失误,造成双发失误,你会赞同他吗?我认为不会。

南北方的损失,在本盘牌里是最大的,达到了1540分。这包括140的墩分,1000的大满贯奖分,350的成局分和定约打宕的50罚分。

最后的牌局，第 6 副

西发牌，

东西有局

北：
♠A 9 6 4
♡A J
♢K 9 2
♣A Q J 10

西：
♠8 3
♡K 9 4 2
♢J 8 5
♣8 7 4 2

东：
♠5
♡10 8 7 5 3
♢A Q 10 4
♣9 6 5

南：
♠K Q J 10 7 2
♡Q 6
♢7 6 3
♣K 3

西	北	东	南
古根海姆太太	徒劳的威利	命蹇时乖的专家	目无余子先生
不叫	**1♣**	不叫	**1♠**
不叫	**4♠**	不叫	**4NT**[1]
不叫	**5♠**	不叫	**6♠**[2]
全不叫			

1. “这是谁发的牌啊？”目无余子先生心里嘀咕着，“看起来又是一副满贯。”像以往一样，他要检查一下 **A** 的数量再决定叫多少。但也像以往一样，他又在错误的位置上问 **A**。除非同伴表示持有所有的 **A**，目无余子先生无法知道某门红花色里是否有两个快速输张。他同样忽视了他手里的牌是否强到足以让他掌控叫牌的主动权。就算他对第二点有些疑虑——而根本没考虑到第一点，他也应当扣叫 **5♣**。

2. 目无余子先生叫出这个满贯时，根本没意识到他这是在冒险。只要同伴在他缺乏控制的花色上有控制，他就会以同样的方式叫到满贯。

打牌

古根海姆太太在首攻时确实认真考虑过。通常她都会攻同伴叫过的花色，但这副他没有叫过牌。她也可选择首攻一个好的连张，但手里又没有。这时她想起了很久以前学到的(我赶紧添上一句，不是从《首攻的黄金法则》里学到的)，“不知道攻什么的时候，就首攻将牌”。因为古根海姆太太经常不知道攻什么，所以她经常首攻将牌。

目无余子先生清完防家的将牌，停在自己手里，然后停下来开始思考。他能看到已经有十一个大牌赢墩并且在两门红花色里都有机会。看来他是需要两个飞牌能飞中一个，但他又发现了一个问题。如果他第一个花色打错了，就没有机会去试第二个了。突然间他有了个主意，从手里打出了♡Q。古根海姆太太连想都没想就跟小。从今天晚上第一副牌上她就已经学到盖打的代价实在是太昂贵了！

目无余子先生对♡K 的位置根本不存在任何疑问。他扑上♡A 后就连打四轮草花，明手垫掉一张红心和一张方块。然后他从明手拉起一张红心，当命蹇时乖的专家跟小时，他的鼻子里喷出来愤怒的气息。他弄不清是否应该按原来的机会打。不对，如果命蹇时乖的专家有这张♡K，他是一定会盖打的。目无余子先生将吃了红心后出了张方块给◇K，被◇A 吃掉时他发出了响亮的叹息声。命蹇时乖的专家马不停蹄地兑现了◇Q 作为宕墩。

结果：东西方得到 50 分(见后文)

事后剖析

命蹇时乖的专家在露出微笑前一直在摇头。“如果不盖打，他就是没有这张牌。”

目无余子先生皱起眉头，然后开始点头。他没听说过齐亚先生的警句，但他明白这句话的意思。

“我打得对吗？”古根海姆太太问。

目无余子先生绝望地把双手举向空中。然后他伸出一根手指。“别忘了，我还有 100 奖分呢。”

亏损状况

目无余子先生净想趁着古根海姆太太没有防备对其进行攻击了，他错过了一个万无一失的办法来组合自己的机会。吊过将牌之后，他要打四轮草花，垫去手里的两张方块。然后他可以用将牌回手，安全地出一张方块给明手的◇K。如果，按这手牌的实际分布，◇K 被◇A 吃掉，他就可以将吃回出的方块，飞红心。如果◇A 在前面，他就不需要飞红心了。如果古根海姆太太吃了◇A，他就可以用◇K 垫去自己的第二张红心。如果她不出◇A，她就再也吃不到了。

古根海姆太太首攻将牌没有造成损失真是够幸运的了。对抗小满贯，首攻将牌一般来说都是败招。除非敌方都是均型牌，他们通常在得到机会时就有足够的牌力拿到十二墩牌。这就要求防家必须赶快建立或者兑现赢墩。她应该试攻某门未叫过的花色。如果她首攻方块，定约马上就宕掉了。如果她首攻一张红心，目无余子就不得不立刻猜她拿着♡K 还是拿着◇A，没有办法再去组合他的两个机会了。至少，古根海姆太太在目无余子先生出♡Q 时还知道该怎么办，这一点还是值得表扬的。

南北方的损失达到 1080 分。这包括 180 的墩分，500 的满贯奖分，350 的成局分和定约打宕的 50 罚分。

最后的牌局,第 7 副

北发牌,

东西有局

	♠J 5 4 ♡— ◇Q J 9 6 3 ♣J 10 7 3 2	
♠A 9 8 3 ♡J 7 3 ◇10 7 ♣A Q 8 5	N W E S	♠K Q 10 6 2 ♡A Q 10 8 ◇A K 2 ♣9
	♠7 ♡K 9 6 5 4 2 ◇8 5 4 ♣K 6 4	

西	北	东	南
古根海姆太太	徒劳的威利	命蹇时乖的专家	目无余子先生
	不叫	1♠	不叫 [1]
3♠	不叫 [2]	4NT	不叫
5♡	加倍 [3]	6♠	7♡ [4]
加倍 [5]	全不叫		

1. 弱跳争叫已经成为目无余子先生的武器之一。如果能够跳叫到 2♡,毫无疑问他是会这样做的。但跳叫到 3♡(开叫的是 1♠)即使对他而言,也是太过分了。
2. 在这种局况下,徒劳的威利也许该试试不寻常的 3NT。他的黑桃长度说明同伴很可能是单张,这样的话两手牌应该配合得不错。缺点就是描述了双低花之后,己方最终要做防守,这就会帮助敌方庄家判断局势,而看起来这是非常有可能的。优点在于你方可能会在有利的局况下找到一个合适的牺牲叫,特别是在古根海姆太太不可能成为庄家的情况下。
3. 徒劳的威利想在打黑桃定约时得到一个红心首攻,因此叫出了加倍。敌方叫过,并且加叫过黑桃,突然决定打再加倍的 5♡ 定约的可能性微乎其微。即使他们就要打这个再加倍定约,一个很恶劣的将牌分布也够他们应付的。

4. 目无余子先生的脑子里从来就没想过同伴也许是想得到一个红心将吃。以他的理解，徒劳的威利有长红心和一些牌力。这样他至少能数出六个红心赢墩并看到♣K有机会拿到一墩。这就是说宕五或者宕六，输 1100 分或是 1400 分。这比起输掉直落两局的盘奖分 700，有局方的满贯奖分 750 再加上墩分 180 来还是划算的。但他忽视了，如果♣K 在他的 7♡ 里价值一墩牌，那么它很可能就是 6♠ 定约的宕墩。他同样忽视了，对手已经打成一局赢得了半盘。如果他牺牲，人家仍然领先一局。
5. 古根海姆太太叫加倍之前先看了看大家牌的背面是否一致。

打牌

古根海姆太太这回首攻毫无困难。她拿着同伴花色的 A，而敌方叫到了大满贯！

徒劳的威利站起身来，“我离开一下，你能自己出牌吗？”

目无余子先生点点头。

“没事，我帮你摆牌吧。”乐于助人的古根海姆太太说。她先摆出了黑桃，又摆出了方块。

目无余子先生晃动这一根手指，“麻烦你，能把将牌放在右边吗？”

古根海姆太太绷住了才没有笑出声来，“好像，恐怕他没有将牌。”

目无余子先生的鼻息声甚至比平时还大了。

命蹇时乖的专家跟出了♠2，表示他的黑桃是奇数张。他认为叫牌已标明他有好黑桃。古根海姆太太却会错了意，将这个信号解读为对这门花色没有兴趣，不过这也没有造成什么危害。她换攻了♢10。命蹇时乖的专家用♢K 吃进后转攻自己的单张草花。

古根海姆太太吃到了两墩草花，并注意到同伴在第二轮草花上示缺了，于是打出第三轮草花，命蹇时乖的专家将吃，兑现♢A 后打出第三轮方块。古根海姆太太将吃。她想目无余子先生大概是没有黑桃了，就打出一张草花。命蹇时乖的专家一直在计算着草花的张数，知道庄家已经没有了，就垫了一张黑桃。目无余子先生将吃后只能从♡K的结构中往外出红心。古根海姆太太试图吃进这墩牌但被同伴超吃了。命蹇时乖的专家再打一张黑桃逼迫目无余子先生将吃,他又要从♡K下出牌了。命蹇时乖的专家吃进后还有将牌A是赢墩。

结果:7♡加倍宕十——东西方得到2600分

事后剖析

"打得不错,搭档。"命蹇时乖的专家说道,满脸是笑。

徒劳的威利回到了桌边,拿着一瓶葡萄气泡酒和四个杯子,先发制人地阻止了一场到底是他还是目无余子先生应对这场灾难负责的激烈讨论。

亏损状况

南北方损失了2700分——首攻红心可以击败6♠。徒劳的威利马上可以将吃,而目无余子先生此后还能吃到♡K。

与一个通情达理的搭档打牌,徒劳的威利对5♡的加倍并没有错。但是,当目无余子先生坐在桌子对面时,这就相当危险了。和现在这个搭档打牌,恐怕徒劳的威利最好的办法就是对5♡先不叫,最后再加倍6♠。目无余子先生就会把这个加倍当作要求做不寻常首攻的指示信号。因为明手没有叫过任何一个花色,目无余子先生最有可能攻出的就是自己的红心长套。

目无余子先生最后的叫品是彻头彻尾的愚蠢行径,其原因我们在前面已经分析过了。这回,他可算是栽了大跟头。至于他是否能够从中学到点什么,我们只能猜测了。从他的角度来看,这纯粹是同伴的错误嘛。

最后的牌局，第 8 副

东发牌，

东西有局

北：
♠9 3
♡K Q J 8 7 5 2
◇6 5
♣4 3

西：
♠A J 5 2
♡9 6
◇K J 7
♣Q 10 8 6

东：
♠K
♡3
◇Q 10 9 8 4 3 2
♣A K J 7

南：
♠Q 10 8 7 6 4
♡A 10 4
◇A
♣9 5 2

西	北	东	南
古根海姆太太	徒劳的威利	命蹇时乖的专家	目无余子先生
		1◇	1♠[1]
2♣[2]	2♡[3]	3♣[4]	3♡
4◇[5]	不叫	5◇	全不叫[6]

1. 目无余子先生判断自己这手牌太强了，不能作为弱二跳争叫来处理。拿着两个 A，这是有道理的。
2. 古根海姆太太的无将恐惧症又犯了。她这手牌最明显的叫品就是 2NT。古根海姆太太拿着一手均型牌，牌力刚好够进局邀叫的，还有两个可能的黑桃挡张。
3. 徒劳的威利赶紧利用这个方便的机会来表示自己的套。他可不敢等叫牌到了五阶水平才告诉同伴应该首攻什么了！
4. 命蹇时乖的专家在重叫自己的套和表示草花支持之间痛苦地挣扎着，这支持还挺不错呢。最后，他决定叫出最经济的叫品，这在边缘选择中是明智的。
5. 古根海姆太太愉快地表示出了她对方块的配合。现在敌方叫牌了，并且加叫了红心，她很高兴刚才没有叫出 2NT 来。
6. 看来今天晚上徒劳的威利和目无余子先生不会再急于做牺牲叫了！

打牌

看着四手牌，读者大概会觉得这副牌就是这盘的最后一副了。所以先别看四手牌。只看这两手牌：

西 (W)	东 (E)
♠A J 5 2	♠K
♡9 6	♡3
◇K J 7	◇Q 10 9 8 4 3 2
♣Q 10 8 6	♣A K J 7

你坐东主打 5◇。南家叫过黑桃又支持过红心，现在却首攻了♣2(请忍耐一下我的安排)。你计划怎么打？

命蹇时乖的专家迅速地分析了形势。首攻很明显是个单张。如果他出一轮将牌，南家就可以用◇A 吃进，出红心让北家进手，使自己能将吃到一墩草花。命蹇时乖的专家知道怎样应付这种局面。克伯森把这个叫做无名招数。我们都把它称为剪刀妙招。专家用♠A 把♠K 超吃过去，又打出了♠J，垫掉他的单张红心。不出所料，南家用♡Q 吃进。但出乎预料的是，南家竟然打出了第二轮草花，而北家则完成了大-小信号。庄家出将牌，南家◇A 吃进，然后打出了第三轮草花，北家将吃。短草花居然在北家！

那么，也许你会问，目无余子先生怎么能想到从♣952 里攻出♣2 这样神奇的首攻呢？我来解释一下吧。

这一次，目无余子先生居然认真地分析了整个叫牌进程并拟定了一个计划。敌手叫过并且支持过草花，如果他们有九张草花，徒劳的威利就会是单张草花。这样的话，由于他肯定能够用将牌 A 进手，他就能给同伴一个将吃。不仅如此，由于他首攻草花是先让同伴将吃草花，他觉得现在就要给同伴打出花色选择信号。拿着红心进张而不是黑桃进张，所以他选择了最小的草花。

结果：5◇宕一——南北方得到 100 分

事后剖析

“多么富有想象力的首攻啊！”徒劳的威利惊叹道。

“是啊，我也是这样认为的，”目无余子先生笑嘻嘻地答道。

命蹇时乖的专家一时语塞了。毫无疑问，他认为，6NT 中遇到那么恶劣的草花分布刚过去没几副，就碰到这样鬼使神差的首攻，上帝对他简直是太不公平了。但他忘了就在这段时间里，疯狂的敌方打宕了两个铁成的满贯并且送给他们一个巨大无比的罚分。

亏损状况

没有损失。可以公平地说，命蹇时乖的专家只是个多重因素的牺牲品而他自己并没有什么失误。任何一个像样的牌手都会以同样的眼光看待这个首攻并遭遇同样的命运。

请不要以为目无余子先生打得有多么精彩，他不过是做了一件与其性格完全不相符的事情而已。我确实说过，计算和计划是他很少涉足的工作。但我可没说过“从不”，对吧？正如人们所说的那样，例外反而彰显法则的存在！

最后的牌局，第 9 副

南发牌，

东西有局

北：♠9 3　♡A K Q J 10 7　◇7　♣K 10 5 4

西：♠A J 7 4　♡—　◇K J 8 6 5 4　♣Q 9 3

东：♠K 10 5 2　♡9 6 5 3 2　◇Q 3　♣J 8

南：♠Q 8 6　♡8 4　◇A 10 9 2　♣A 7 6 2

西	北	东	南
古根海姆太太	徒劳的威利	命蹇时乖的专家	目无余子先生
			不叫
1◇	1♡	加倍[1]	1NT[2]
2♠[3]	3♣[4]	不叫	4♣[5]
不叫	4♡[6]	全不叫	

1. 俱乐部里现在已经流行一阶和二阶水平的否定性加倍了。
2. 这个叫品很好地表示了牌型和牌力。叫牌过程表明哪个敌手都没有五张黑桃。这就可以坦然地把 Q××当作一个挡张。
3. 古根海姆太太认为这样叫就比较勇敢了。实际上，她的牌力很接近跳叫 3♠而不是不叫。
4. 假如拿这手牌去问一个专家评判组该叫什么，他们的票数会分散在加倍(总有些人会认为加倍是技术性的)、2NT、3♣、3♡、3♠、3NT 和 4♡之间。为什么 3◇没人投票呢？如果敌方叫过两门花色而你方有可能要打 3NT 定约，普遍接受的做法是，叫你能提供帮助的花色而不是你担心的花色。如果叫 3◇，目无余子先生毫无疑问会叫出简单的 4♡来，这对于徒劳的威利来说太主观了。3NT 或 4♡都有可能是正确的定约。叫 3♡ 对哪个正确定约都没有帮助，因为听起来就像是个竞叫的试探。徒劳的威利的 3♣ 虽然没有表达出牌力很强的红心来，但它并没有否认这种可能性。

5. 此处的另一种选择是 3◇，原因我们在上面说过了。不叫，虽然也是可能的(因为同伴本可以用 3◇ 或 3♠ 来表示逼叫)但未免太过于谨慎了。拿这手牌叫 3♡ 也是错误的。不久前我写了一篇关于假示选的文章。假示选的一个衡量标尺就是，在同伴的第一套里少一张牌是可以的，但绝对不能少两张。叫出 4♣，你并没有否定打 4♡。如果 4♡ 是合理的定约，同伴可以在下次轮到他自己叫牌时叫出来。

6. ……不出所料。

打牌

拿着五张将牌，命蹇时乖的专家希望逼迫庄家将吃。在黑桃里有些帮助但在方块里张数不多，他选择首攻 ♠2。

“谢谢，搭档，”徒劳的威利说，“明手的牌和我预想的一样。”他让明手出小，古根海姆太太又开始恍惚了。关于对明手飞牌，老师是怎么说的来着？但她实在想不起来了，只好自己来分析。假设同伴是从 ♠K××× 里攻出的，那么，她就应该出 ♠J，以防做大明手的 ♠Q。假设他是从 ♠10××× 中攻出的，她还是要出 ♠J，不能让庄家的 ♠K 和 ♠Q 各吃到一墩。分析得不错，古根海姆太太。她打出 ♠J 并吃到。这个成就让她脸都红了，她兑现 ♠A 后又打出了第三轮黑桃。

徒劳的威利用小将牌将吃了第三轮黑桃。同时，他宣称，“搭档，我没有黑桃了。”然后把 ♡10 出到桌上，“有 150 大牌奖分，搭档。”他还记得之前有好几次在打盘式桥牌时，有些牌手差点就忘了声称他们的大牌奖分。

当古根海姆太太示缺时，目无余子先生皱起了眉头，“看来你还真需要这些将牌。”徒劳的威利严肃起来。对于 5-0 的将牌分布他能怎么办呢？如果他把所有的将牌都调了，自己手里也就没有将牌了。他还要再输掉第三墩黑桃和(除非有 ♣QJ 双张的奇迹出现)一墩草花。他觉得还是趁着明手尚有一张将牌时来发展草花。他兑现了♣A，出一张草花给 K 并送出了第三轮草花。古根海姆太太赢进，命蹇时乖的专家垫掉了一张黑桃。她应该出什么呢？

古根海姆太太不想再出黑桃。这是肯定的，她知道让对手将吃垫牌一定是个坏主意。那么就只能出方块了，她伸手去拿了一张牌，又停下了。庄家会不会拿着♢Q 呢？她可不想帮忙把这张牌做大了。她脑子里突然冒出个好主意，至少在她的水准上是个好主意。她干嘛不把♢K 打出来呢？如果♢Q 是单张，她的♢K 就把♢Q 消灭了。如果徒劳的威利拿的是♢Q×，他也吃不到这张♢Q，因为命蹇时乖的专家可以将吃第二轮。于是♢K 打到了桌上。

徒劳的威利用♢A 吃进这墩牌，吊光将牌后用♣10 拿到了最后一墩。

结果：4♡打成——南北方线下得 120 分，并且线上得 150 奖分

亏损状况

50 分加上 4♡叫到并打成的分数(共 520 分)

看得出来古根海姆太太用草花进手后应该怎么打了么？如果她打出第四轮黑桃，庄家无法自己将吃后还能保持将牌控制。如果他不将吃，命蹇时乖的专家就可以用♡9 将吃(在第三轮草花上他已经扔掉了自己的最后一张黑桃)。看得出来徒劳的威利应该怎样避免给古根海姆太太这个机会了么？他只要送出第一轮而不是第三轮草花，这样就成功了。

最后的牌局，第 10 副

西发牌，

双方有局

	♠J 10 3 ♡10 8 7 5 2 ◇5 4 ♣Q 8 4	
♠9 2 ♡A K 6 ◇8 7 ♣A 7 6 5 3 2	N W E S	♠K 7 6 4 ♡J ◇A K J 6 2 ♣K 10 9
	♠A Q 8 5 ♡Q 9 4 3 ◇Q 10 9 3 ♣J	

西	北	东	南
古根海姆太太	徒劳的威利	命蹇时乖的专家	目无余子先生
1♣	不叫	1◇	不叫[1]
2♣	不叫	2♠	不叫[2]
2NT	不叫	3♣[3]	不叫
3NT[4]	全不叫		

1. 目无余子先生只要找到一点点叫牌的理由，是很难不加入叫牌的。但是，他注意到自己是有局方，而且技术性加倍很可能会让同伴成为庄家。
2. 完全正确，目无余子先生没有加倍。首先，如果敌方最终打 **3NT**，而同伴在红心里有张数，首攻红心可能更好。另外，即使古根海姆太太几乎不会有四张黑桃，加了倍甚至再加倍的 **2♠** 都是很有可能打成的。
3. 命蹇时乖的专家在叫出他的牌型。**5♣** 也许是最佳定约，如果草花不够坚固并且古根海姆太太只有一个红心挡张的话。
4. 古根海姆太太拿不准这个 **3♣** 是否逼叫。这时她突然想起了一、两天前偶尔听到的一个忠告："如果你弄不清某个叫品是否逼叫，那就继续叫。最坏的情况下，也只是要多打一阶而已。如果你不叫，你就要冒着打荒谬定约的风险。"她可不想打什么荒谬的定约，合理的定约都够她忙活的了！

打牌

徒劳的威利看不到任何理由不首攻未叫过的红心套。东家的红心肯定短，而西家本来有机会在 1◇后面叫出 1♡但却没有叫。

当明手摊出牌来的时候，古根海姆太太很是担心。“谢谢搭档，”她如常的语调还是信心满满的。她只能出明手的单张♡J，也许就能吃到第一墩呢。不行，目无余子先生盖上了♡Q。她放掉了这墩牌。对于缓拿，她是当作信条来遵守的。但此时这么用会令人生疑的，因为敌方马上换攻黑桃的话，就会让她丢掉三墩黑桃、一墩红心和一墩草花。不管怎样，她有两个红心挡张，并且可以期望只送出一次出牌权后就能拿到九墩牌。所以这种忍让是毫无意义的。

当然，从他这样的黑桃结构来看，目无余子先生根本不会考虑回攻黑桃，他回了张红心。这墩牌上古根海姆太太没机会犯错误，自己手里吃进，让明手垫了张黑桃。接下来她该怎么办呢？她是应该打有九张之多的草花，还是少了两张联手只有七张的方块呢？方块只缺◇Q，而草花缺着♣Q-J。古根海姆太太突然有了个好主意，她要组合自己的机会。如果她先打一张草花给♣K，再出草花给♣A，当草花不是 2-2 分布时就可以从正确的位置进行方块飞牌了。兑现她最后一张红心来解封草花并没有列入她的计划之内，但如果草花确实是 2-2 分布时她也许能够找到这个打法。糟了，目无余子先生在第二轮草花上垫出了♠8。她只能转而依靠 B 计划了。

古根海姆太太及时地看了一眼面前的牌墩，目前为止她已经拿到三墩牌。但这能告诉她什么呢？

即使能吃到全部五墩方块，还是缺一墩牌。最好先把手里的红心赢墩兑现掉，要不然就没有回手来取这个赢墩了。古根海姆太太兑现红心赢墩时一切正常，可当她出张方块给◇J时，仿佛天都塌下来了。目无余子先生用◇Q吃进，回出了一张红心。徒劳的威利拿了两墩红心，兑现♣Q后转攻♠J。古根海姆太太用♠K盖打，此时她出什么已经没有差别了，防家又拿到了三墩黑桃。在最后一墩时防家每人手里都剩下了一张方块，不得不交给明手的◇A一墩。古根海姆太太甚至都不敢抬头看自己的同伴了。命蹇时乖的专家连想都没想过竟然会宕四。对此，她有绝对把握。

结果：3NT宕四，南北得到400分

事后剖析

目无余子先生搓着手，这可真是享受啊。唯一有可能破坏他此刻美好心情的就是这400分原本可以是1100分的啊。“我不能加倍，因为你会理解为要求首攻方块了，对不对？”

徒劳的威利点点头。“某人，”他瞟了一眼命蹇时乖的专家，“如果你加倍的话也许会逃到草花上去。我也不能加倍，我这手牌也不太行。从我手里根本看不到五个赢墩。”

亏损状况

东西方丢掉的400分加上3NT打成(100分)和把这个局转变成双局的一盘(350分)，总共是850分。

读者们认为这副牌该这样打呢？庄家应该立即赢进第一墩，然后打张草花给♣10。这样既解决了可能的草花堵塞问题又保护了明手的♠K。这是个常规的规避打法——但对于古根海姆太太来说就是另一回事了。除去4-0分布，最糟糕的情况就是北家拿着♣QJ×。在这种情况下，你无法送一墩草花给南家，只能在第二轮时送一墩草花给北家。如果北家出大黑桃，你必须忍让两次。这种打法除了南家刚好有带四张A的黑桃外，可以保护你不会输掉四墩黑桃。

最后的牌局，第 11 副

北发牌，

双方有局

北：♠9 8 3 ♡J ◇A Q J 8 ♣K Q 10 6 3

西：♠A K J 7 ♡10 7 6 5 2 ◇6 4 ♣A 4

东：♠10 5 ♡Q 9 4 3 ◇10 7 3 ♣9 8 5 2

南：♠Q 6 4 2 ♡A K 8 ◇K 9 5 2 ♣J 7

西	北	东	南
古根海姆太太	徒劳的威利	命蹇时乖的专家	目无余子先生
	1♣[1]	不叫	1♠
不叫[2]	2♠[3]	不叫	4♠[4]
不叫[5]	不叫	不叫	

1. 很久以前，徒劳的威利会用这手牌开叫 1◇，这样他能把两个套都叫出来。打 4-3 甚至 4-2 配合的痛苦经历终于让他有所改变了。事实上，如果拿着◇AQJ×的 3-1-4-5 牌型草花套很差时，我认为开叫 1◇没有问题。如果同伴应叫 1♡，你就叫 1NT，如果应叫是 1♠，你就叫 2♠。
2. 古根海姆太太知道，自己是有局方时，要用一个好的套来做争叫。
3. 尽管徒劳的威利可以再叫草花，他正确地选择了支持同伴。对 1♣开叫的 1♠应叫通常会包括五张黑桃套的。如果同伴只有四张，你们未必就非要打黑桃定约。
4. 看到这个叫品，裘德·古德温的漫画"你叫牌时拿着的牌到哪里去了？"浮现在脑海里。目无余子先生有大约五种方法来表示自己是只有四张黑桃的牌。但这个 4♠不在其中。由于这手牌他不能支持草花或者不叫，他应该在低叫的 2NT 和显示牌力的 3NT 之间进行选择。即使同伴有四张黑桃，3NT 可能会比 4♠好打，因为黑桃套的质量实在是太差了。

5. 古根海姆太太在不叫之前稍微犹豫了一下。她没有加倍的原因是担心 4♠能打成还是害怕对手逃往 4NT，我们就不得而知了。

打牌

古根海姆太太读到过，当你拿着四张将牌的时候，攻牌要跟防守无将时一样。因此她打出最长且最强套的第四张：♡5。

徒劳的威利摊出了他的牌。目无余子先生气哼哼地说，“那就♡J 盖上吧。”

命蹇时乖的专家出♡Q，目无余子先生用♡A 吃进。他知道自己有大麻烦了，但如果东家拿着♠AK×并且防家出错的话，他还是看到了完成定约的渺小机会。他让明手将吃一墩红心后出了张黑桃给自己的♠Q。古根海姆太太很高兴庄家动将牌。她用♠K 吃进后又兑现了♠A。她盯着同伴第二轮跟出的♠10 看了好一阵子，然后又看了看明手。她正在努力回想自己的♠7 是不是第四轮的大牌。她终于想清楚都是大的了，就继续打出了♠J 和♠7。明手垫掉了一张草花和一张方块，东家垫了两张方块。

将牌都吊光了，古根海姆太太转攻红心，明手扔了一张方块，东家的♡9顶出♡K，庄家被迫吃进。庄家想要滑过一墩草花。古根海姆太太此刻非常清醒，扑上♣A 并兑现了她剩下的两张红心。

结果：4♠宕四——东西方得到 400 分

剖析

“我是不是应该加倍啊？”古根海姆太太问道。

命蹇时乖的专家摇摇头，“那他们就会逃到 4NT 去了，而且能打成。”

目无余子先生再也忍耐不住了，他的拳头砸在桌面上，“威利，你就非得加叫黑桃不可吗？我认为你总得拿着比三张小更好一点的支持吧！”

“这是专家级的叫品，”徒劳的威利回答，“随便问问谁好了。”

目无余子先生只是喘着粗气,他可没心情再问任何人。

亏损状况

目无余子先生应该再叫 3NT,那样徒劳的威利很显然就不会再叫了。假设古根海姆太太不首攻黑桃,目无余子先生就能轻松地拿到十墩牌了:两墩红心、四墩方块和四墩草花。首攻黑桃和续攻黑桃的情况下,他还是能拿到九墩牌。

在 4♠ 的打牌过程中,目无余子先生应该还能多拿到一墩牌的——他要让明手保留足够的方块,在这门花色里连吃四墩牌。但庄家在打一个愚蠢的定约时,精力往往会不够集中。

南北方损失了 1030 分。损失掉的 400 分加上他们本该打成 3NT 而得到的 630 分(500 分是三局的盘奖分和 130 分的墩分)。

最后的牌局,第 12 副

东发牌,

双方有局

	♠J 9 6 ♡A K 8 4 2 ◇A Q 9 4 3 ♣—	
♠K 8 5 4 ♡Q J 7 ◇10 2 ♣A J 9 3	N W E S	♠Q 7 2 ♡10 9 6 5 ◇6 ♣K Q 8 5 4
	♠A 10 3 ♡3 ◇K J 8 7 5 ♣10 7 6 2	

西	北	东	南
古根海姆太太	徒劳的威利	命蹇时乖的专家	目无余子先生
		不叫	不叫
不叫	1♡	不叫	1NT
不叫	2◇	不叫	3◇[1]
不叫	不叫[2]	不叫	

1. 目无余子先生大概是决心要赢得今晚的最懒叫牌奖了。哪个叫品更差:前面那副的 4♠还是这个 3◇? 这手牌很棒。有五张将牌,一个 A 和一个单张。他加叫的 3◇表示了很好的方块支持但没有把别的特征表述出来。听起来像是要把敌方阻挡在叫牌之外。在一些牌手的约定中,有两个好的加叫:2NT 和 2♠。我觉得在目无余子先生的叫法中,2NT 是自然的,那么就剩下 2♠了。这不可能是自然的,因为如果有四张黑桃的话,他第一次的应叫就该是 1♠了。
2. 面对一手不能开叫,不能做二盖一应叫,只能做出一个简单加叫的牌,徒劳的威利觉得见好就收了吧。他所能看到的是,要丢失三墩黑桃和一墩方块。目无余子先生有限的牌力可能都集中在草花中,这样的话,3◇就是联手牌的极限了。

打牌

打牌过程很简短。谁会在乎 20 分一个的超额赢墩呢？命蹇时乖的专家首攻♣K，徒劳的威利将吃了，两轮吊光了外面的将牌。兑现♡A 后将吃一墩红心。然后他将吃了一墩草花，又将吃第二轮红心把这个套做好了。他将吃了第三轮草花后连出红心。他可以垫掉所有的黑桃输张，但明手的将牌不足了，他最后还是丢了一墩牌。

结果：南北方在线下和线上各得到 60 分

亏损状况

南北方损失了 500 分(错过了盘奖分)。损失本来可以小一些，如果南北方能把这副牌叫到并打成局的话。

我认为叫到 6◇是很有难度的，所以损失是根据 5◇的标准定约做出的。我觉得北家要叫 3♠作为长套邀叫，南家也许在叫往 5◇的路上扣叫一下 4♠。如果你能把手放在胸口说你和你的固定搭档会叫到 6◇，那么你可以把这副牌的损失按照 1250 分来计算。

为保持与西蒙先生结束《你为何是牌桌上的输家》时的决定一致，我也以一副攻防俱佳的牌作为本书的收尾。请大家欣赏命蹇时乖的专家是如何凭空魔术般地变出两墩牌来的。

最后的牌局，第 13 副

南发牌，

双方有局

	北	
	♠9 ♡K J 9 8 5 4 2 ◇K 6 4 ♣J 6	
西 ♠J 6 5 2 ♡Q 7 6 3 ◇Q ♣K 9 4 2		东 ♠A K 3 ♡A 10 ◇A 7 5 3 ♣A 10 8 3
	南 ♠Q 10 8 7 4 ♡— ◇J 10 9 8 2 ♣Q 7 5	

西	北	东	南
古根海姆太太	徒劳的威利	命蹇时乖的专家	目无余子先生
			不叫
不叫	3♡	3NT[1]	全不叫

1. 拿着这些红心，仅有三张黑桃，命蹇时乖的专家宁愿叫 3NT 也不想叫加倍。一个不叫过的同伴，尤其是古根海姆太太，使他这样做的理由更为充分。

打牌

目无余子先生首攻◇J。

命蹇时乖的专家研究了好一阵子明手的牌之后才说了句，“谢谢你，搭档。”即使她没有叫过牌，对古根海姆太太的牌表示满意，这总是个好主意。

命蹇时乖的专家让徒劳的威利用◇K 吃进了第一墩，又忍让了他回出的第二轮方块，然后吃进第三轮方块。

他让明手垫什么牌呢？一张红心和一张黑桃。为着很快就会变得清晰的理由，明手需要保留四张草花。

命蹇时乖的专家接下来打出了♣A。假如♣Q 或♣J 从北家掉出来，他准备飞南家持有剩余的那张大牌，并朝着♡A10 出牌，做出他的第九墩牌。当所有人都跟小时，他兑现了♠A 后出♣8 飞过。他对这副牌已经研究得很透了。徒劳的威利在有局方开叫的 3♡ 肯定有七张，而且已经打出了三张方块和一张黑桃。由于草花 4-1 分布时定约是毫无希望的(他将要丢掉四墩方块和一墩草花)，因此命蹇时乖的专家认定北家是 1-7-3-2 的牌型。

西	北 / 南	东
	♠— ♡K J 9 8 5 4 2 ♢— ♣J	
♠J 6 ♡Q 7 6 ♢— ♣K 9 4	N W E S	♠K 3 ♡A 10 ♢7 ♣10 8 3
	♠Q 10 8 7 ♡— ♢9 2 ♣Q 7	

徒劳的威利不得不赢进第二轮草花，而且只有红心可出。他挣扎打出的♡J 被明手的♡Q 吃掉了。命蹇时乖的专家已经看到了八墩牌，并且知道该在什么地方寻求第九墩。他出完草花，然后兑现♡A。目无余子先生只能保留三张牌。他必须要留着两张黑桃，不然♠Q 就会被击落，因此他被迫放弃了一张方块。庄家以方块脱手后就宣称能得到最后两墩牌。目无余子先生被迫要从♠Q×的结构里出向分离的间张。

结果：3NT 打成，成局而且完成了这盘牌，东西方有 150 大牌奖分

事后剖析

古根海姆太太笑得眼睛都眯起来了："真高兴，我的牌还够支持你的。"

而其他人都叹了口气。这盘牌总算是结束了。

亏损状况

没有损失。如果徒劳的威利用♡K 脱手,庄家还是可以在残局时将出牌权留在自己手里,兑现♡Q 后再用♣10 赢进第四轮草花,同样以方块投入目无余子先生。

计分表:

南北	东西
	500
60	150
400	400
150	2600
100	50
100	50
100	500
100	50
90	90
	190
120	
60	100
1280	4680

东西方以 34 点赢得了这盘牌。

他们是靠好牌赢了这么多吗？如果你把两边的大牌点总数加起来就会发现其实两边的份额是很公平的:都是 260 点。当然,大牌点并非全部的故事。还是套用我们的老办法，用一个够水平但并不出众的牌手来轮流替换一下每位牌手。

替换掉坐在南家的目无余子先生，第一副牌的叫牌一开始就是 1◇-不叫-1♠-加倍。我们估计东西方竞叫到 3♡后北家还是落在了 3♠定约上。由于防家现在会避免◇A 和◇K 撞头,定约会宕一。第二副牌没有变化。第三副,够水平的牌手会打成 4♡。第四副，够水平的牌手会看明白护卫黑桃是无用的，从而击败这个满贯。第五副，叫牌和打牌没出入，但因为南北方有局，罚分变成了 100 分。第六副，够水平的牌手可以打成 6♠。调整的结果是南北方会以 17 点赢得这盘牌，对方一个局都没有。

把坐在北家的徒劳的威利替换掉，第一、第二和第三副都没有差别。虽然第四副的满贯会宕掉但第五副的满贯能打成。第六副没差别（只是罚分变成了 100 分）。第七副，够水平的牌手跟目无余子搭档是不会对 5♡加倍的，结果大概是命蹇时乖的专家叫到并在得到方块首攻时打成 6♠。第八副没有差别。第九副的 4♡还是能打成但不需要防守出现失误。调整的结果是南北方会以 14 点赢得这盘牌。

替换坐在西家的古根海姆太太后，第一副我们就假设没有区别吧。第二副，够水平的牌手会叫到 4♠且打成定约。第三、四、五、六和七副的结果都相同，只是第四副的罚分现在变成了 100 分。第八副，够水平的牌手不会叫出草花，所以目无余子先生也不会找到那个神奇的首攻。命蹇时乖的专家可以打成 5◇从而就此结束这盘牌。调整的结果是东西方会以 33 点赢得这盘牌而对方一局都没有。我得承认，这似乎没什么改进。但是，假设同样的牌手继续在牌桌上打下去，他们就能赢得第二个直落两局的一盘了，在第十副和第十三副上都打成局，并击败敌方第九副的局。

在这盘牌里，命蹇时乖的专家确实是很不走运，替换了他也不会有什么更好的结果。我们都会在第一副上“解封”方块，并且在第八副上打出剪刀妙招。

这一切到底证明了什么呢？证明了很多你输掉了的盘式桥牌或者很多节比赛原本你是可以取胜的。除非你是在水准极高的桥牌圈子里打牌，对手极少犯错让你无法获胜。

从现在起，你知道怎样成为桥牌赢家了，对吧？